NAGISA TATSUMI

AF288842

Die Kunst des
Wegwerfens

NAGISA TATSUMI

Die Kunst des Wegwerfens

Wie man sich von unnötigem Ballast befreit und dadurch mehr Freude am Leben hat

Unimedica

IMPRESSUM

Nagisa Tatsumi
Die Kunst des Wegwerfens
Wie man sich von unnötigem Ballast befreit
und dadurch mehr Freude am Leben hat
1. deutsche Auflage 2019
2. deutsche Auflage 2019
ISBN: 978-3-96257-065-1
© 2019, Narayana Verlag GmbH

Titel der Originalausgabe:
Suteru! Gijutsu (The Art of Discarding)
Copyright © Nagisa Tatsumi 2005

Übersetzung aus dem Englischen: Irmela Erckenbrecht
Layout und Satz: Narayana Verlag GmbH
Coverlayout © Nagisa Tatsumi
Autorenfoto © Nagisa Tatsumi

Herausgeber:
Unimedica im Narayana Verlag Gmb H, Blumenplatz 2, D-79400 Kandern
Tel.: +49 7626 974 970–0
E-Mail: info@unimedica.de
www.unimedica.de

Die Empfehlungen dieses Buches wurden von Autor und Verlag nach bestem Wissen erarbeitet und überprüft. Dennoch kann eine Garantie nicht übernommen werden. Weder der Autor noch der Verlag können für eventuelle Nachteile oder Schäden, die aus den im Buch gegebenen Hinweisen resultieren, eine Haftung übernehmen.

INHALT

ooooooooo

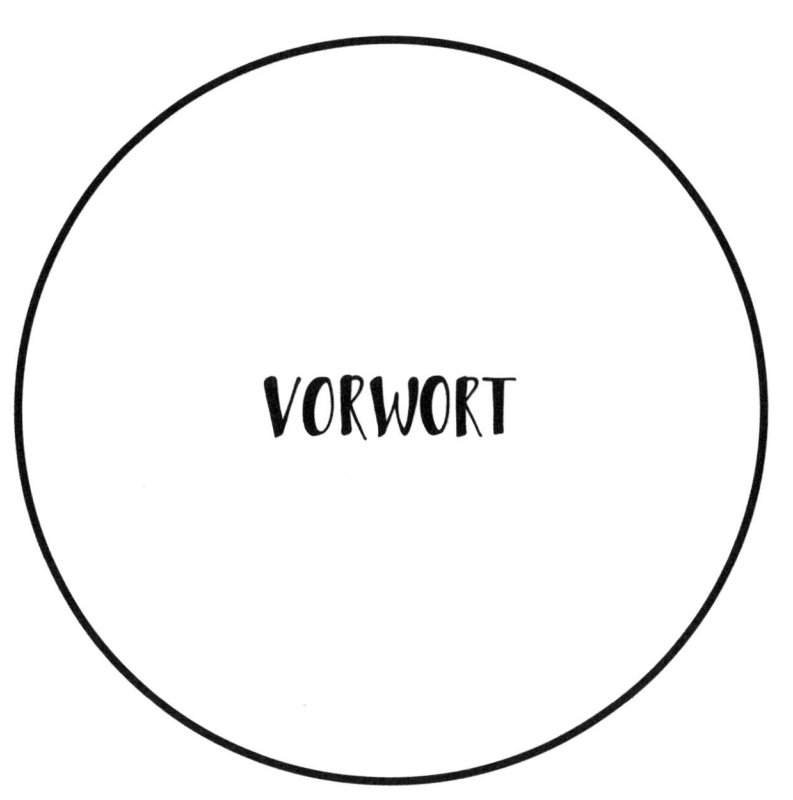

VORWORT

DAS EIGENE CHAOS IN DEN GRIFF BEKOMMEN

Sachen ausrangieren – das scheint ein grundsätzliches Problem zu sein.

Heutzutage hat jeder zu viel „Kram". Zwar werfen wir hin und wieder mal etwas weg, trotzdem sammelt sich immer mehr an. Bei der Arbeit haben wir es meist mit endlosen Papierbergen zu tun; zu Hause kann der Stauraum noch so groß sein, er reicht nie aus. Der Kram breitet sich aus und unser Lebensraum schrumpft zusammen. Wir sind von ungenutzten Dingen umzingelt. Wir wissen, wir müssen etwas tun. Wenn wir doch nur mit einem Schlag alles loswerden könnten, was wäre das für eine Erleichterung!

In den 1990ern erlebten wir einen Boom des ökologischen Denkens, der bis ins neue Jahrtausend anhält: Sei gut zur Umwelt ... Recycle ... Produziere keinen Müll ... Und dies hat zu einem neuen Denken geführt: Was *brauchen* wir wirklich? Und warum *wollen* wir so oft mehr? Wir haben doch jetzt schon zu viel. Wieso? Wie kommt es, dass diese Flut niemals abzuebben scheint?

Wir ahnen, wie gut es sich anfühlen würde, wenn wir den ganzen Krempel einfach los wären. Warum behalten wir ihn dann? Und warum fühlen wir uns schuldig, wenn wir tatsächlich mal etwas ausrangieren? Lassen Sie uns diesen Fragen etwas genauer nachgehen.

Der lästige Kram und unsere Scheu vor Verschwendung

Früher war alles wertvoll. Als es weder Massenproduktion noch Massenkonsum gab – was übrigens noch gar nicht so lang her ist –, wurden alle Dinge wertgeschätzt. Sie wurden gepflegt, erhalten und so lange genutzt wie irgend möglich. Waren sie irgendwann für den eigentlichen Zweck nicht mehr nutzbar, wurden andere Zwecke dafür gefunden. Und erst wenn alle denkbaren Verwendungsmöglichkeiten erschöpft waren, wurde weggeworfen.

Genauso war es mit Lebensmitteln. Die Leute wurden angehalten, ihre Teller bis zum allerletzten Reiskorn leerzuessen. Es ging immer darum, etwas bis zum Letzten auszuschöpfen – und es erst dann wegzutun und durch etwas Neues zu ersetzen. Das war der Kreislauf der Dinge, und vor diesem Hintergrund wurde das Bedauern über die Verschwendung (auf Japanisch *mottainai*) zu einer Tugend.

Aber heute ist das Leben anders.

In den 1960er- und 1970er-Jahren verkauften sich neue und aufregende elektrische Produkte allein schon deshalb, weil sie neu und aufregend waren. Es herrschte die Überzeugung, dass alles Neue auch gut war, und vieles Alte wurde nur aus diesem Grund ersetzt. Immer mehr Dinge – elektrische Geräte, Modeartikel und so weiter – überschwemmten unser Leben, und gegen Ende der 1980er-Jahre schließlich wurde schon der Akt des Kaufens zu einem Selbstzweck.

Wir haben uns an diese Art des Shoppings gewöhnt, doch weil wir Dinge nicht mehr aus Notwendigkeit kaufen, sammeln sie sich unweigerlich in viel größerer Geschwindigkeit an als früher und wir ertrinken förmlich in unserem Kram.

Der Wechsel von einer Ära, in der die Dinge kostbar waren, zu einer Ära der Überversorgung kam zu plötzlich. Wir sind hin- und hergerissen zwischen unserer traditionellen Ablehnung der Verschwendung (*mottainai*) und der neuen Welt, in der wir viel zu viele Dinge um uns herum anhäufen.

Eine positive Einstellung zum Ausrangieren entwickeln

Diesen Zwiespalt müssen wir angehen. Wenn wir so weitermachen, werden wir nie frei sein von der Herrschaft, die diese Dinge über uns ausüben.

Kann ein ökologisch bewussterer oder sparsamerer Lebensstil uns dabei helfen, den Bann zu brechen? Wenn wir alles, was wir haben, gut pflegen und nur kaufen, was wirklich notwendig ist, werden wir dann frei sein? Nein, bei mir würde das nicht funktionieren. Ich würde nicht damit aufhören wollen, Dinge zu kaufen. Ballast loszuwerden fühlt sich gut an, aber man müsste schon sehr stoisch sein, um das Leben ohne neue Sachen genießen zu können.

Es ist ein Genuss, von Dingen umgeben zu sein, die man mag. Es macht uns glücklich, neue Kleider anziehen zu können. Ich habe einen Fernseher und Zeitungen, aber ich will auch noch Zeitschriften. Ich möchte mir ein paar neue Teller kaufen oder einen neuen Becher. Ich möchte nicht denken, dass es tugendhaft wäre, es mir zu verkneifen. Geld zu sparen bringt nichts, wenn man das Leben nicht genießen kann.

Wir wollen also ein angenehmes Leben führen, aber wir wollen nicht, dass sich Dinge ansammeln. Und wir wollen auch nicht das Gefühl haben, mit den Dingen verschwenderisch umzugehen. Ist das möglich? Und falls ja, wie?

Dieses Buch soll Ihnen dabei helfen. Ich schlage vor, eine positive Einstellung zum Aussortieren zu entwickeln. Um unser vollgekramtes Leben in den Griff zu bekommen, müssen wir beginnen, es zu entrümpeln. Anstatt uns über Verschwendung Sorgen zu machen, können wir die Aufgabe des Ausrangierens als Gelegenheit nutzen, um über den wirklichen Wert unserer Besitztümer nachzudenken. Schauen Sie sich die Dinge an, denen Sie erlauben, sich um Sie herum anzusammeln. Darüber nachzudenken, warum Sie sie haben, wird Ihnen helfen, ein Gefühl dafür zu gewinnen, warum sie solche Macht über Sie ausüben. Und während Sie überlegen, was Sie ausrangieren und was Sie behalten wollen, wird Ihnen immer klarer, was wirklich notwendig ist.

Die Kunst des Ausrangierens und die Kunst des Lebens

Als Erstes müssen Sie Ihre Beziehung zu den Dingen überdenken. Die zehn Einstellungen zum Ausrangieren aus Teil 1 dieses Buches werden Ihnen dabei helfen. Ich sage nicht, dass Sie Ihre Denkweise vollständig verändern sollen, aber wenn Sie sich wegen des Ausrangierens Sorgen machen, ist es an der Zeit, Ihr Denken ein wenig anzupassen. Versuchen Sie einfach, aus Teil 1 all die Aussagen zu übernehmen, die bei Ihnen etwas zum Klingen bringen. Dies könnte Ihnen helfen, den Griff zu lockern, in den die Dinge Sie genommen haben. Teil 2 stellt zehn praktische Wegwerfstrategien vor. Wie bei Teil 1 sollten Sie das probieren, was Ihnen einleuchtet. Wenn Ihnen auch nur eine der Strategien zur Gewohnheit wird, fühlt sich Ihr Leben sicher gleich viel besser an. In Teil 3 finden sich Hinweise darauf, wie Sie Sachen auf sinnvolle Weise loswerden können. Ich hoffe, Sie werden es nützlich finden, diese mit den Vorschlägen aus den anderen beiden Teilen zu kombinieren.

Sie werden in diesem Buch viele verschiedene Hinweise finden, doch letztlich ist die Kunst des Ausrangierens eine ganz einfache und direkte Sache. Es geht nur darum, sich ein zuvor unbewusstes Verhalten bewusst zu machen und Ihre Einstellung zu den Dingen in Ihrem Besitz als Teil der Kunst des Lebens zu sehen. Ich hoffe, mein Buch wird Ihnen helfen, dieses Ziel zu erreichen.

Sprechen Sie nicht von Verschwendung

Es ist ganz einfach: Behalten Sie die Dinge, die Sie gebrauchen, und sortieren Sie alles aus, was bei Ihnen nicht in Benutzung ist. Sachen leben davon, benutzt zu werden. Etwas zu behalten, weil es Verschwendung wäre, es wegzutun, ist eine Art der Folter. Befreien Sie sich von dem Verschwendungsargument und Sie werden den wahren Wert der Dinge immer deutlicher erkennen.

Und was ist mit der Umwelt?

Seit der ersten Fassung dieses im Jahr 2000 geschriebenen Buches ist das Umweltbewusstsein zu einem Schlüsselelement unseres gesellschaftlichen Denkens geworden.

Für das Recyceln gibt es inzwischen alle möglichen Regeln. Es gibt einen großen Markt für Gebrauchtes, im echten Leben ebenso wie im Internet. Umweltfreundliche Produkte – vom Toilettenpapier aus Recyclingpapier bis zu Hybridautos – sind preiswerter und qualitativ hochwertiger geworden. Wir können einen umweltfreundlichen Lebensstil pflegen, ohne ständig darüber nachgrübeln zu müssen.

All dies sind erfreuliche Entwicklungen. Doch hat sich auch die Menge des Gerümpels verringert? Sammelt sich bei uns zu Hause nicht mehr so viel Kram an wie früher?

Soweit ich sehen kann, leider nicht. Es häuft sich so viel an wie immer. Die Gebrauchtwarenläden und -märkte quellen über. Und ständig bringen Fernsehprogramme und Zeitungen neue Beiträge darüber, wie man seinen vorhandenen Stauraum noch besser nutzen kann.

Würde das neue Umweltbewusstsein zu einer allgemeinen Entrümpelung von Häusern und Leben führen, wäre die Situation eine andere. Die Tatsache, dass es nicht so gekommen ist, bedeutet meiner

Ansicht nach, dass zwischen unserer Beziehung zu den Dingen und unserem Bewusstsein für die Umwelt keine wirkliche Verbindung besteht.

Umweltbewusstsein wird das Problem nicht lösen

Dass Umweltprobleme auf nationaler und globaler Ebene durchdacht werden müssen, liegt auf der Hand. Insgesamt zeichnen sie sich durch eine große Distanz zu unserem Alltag aus; es ist schwierig, sowohl das Detail als auch das große Ganze zu sehen. Selbst die auf dem Gebiet forschenden Wissenschaftler können sich, was zum Beispiel das Ende der fossilen Brennstoffe oder die Löcher in der Ozonschicht betrifft, nie wirklich sicher sein. Wie sollen dann wir all diese Dinge in unserem Alltag berücksichtigen können?

Auf individueller Ebene kann Umweltbewusstsein nicht groß darüber hinausgehen, nichts achtlos wegzuwerfen, keine Lebensmittel in den Ausguss zu kippen, die Dinge des täglichen Gebrauchs zu pflegen und sorgsam zu behandeln, keine Lichter anzulassen, Einkaufstüten mehrfach zu benutzen und umweltfreundliche Produkte zu kaufen.

Lassen Sie es mich ganz klar sagen: Ich stelle die Bedeutung von Umweltthemen nicht infrage. Unsere Gesellschaft muss die Belange der Umwelt berücksichtigen. Und natürlich ist es besser, die Leute darüber gut informiert statt ahnungslos oder gar desinteressiert zu wissen. Was ich aber sagen will: Die Probleme unserer Umwelt sind erstens zu groß, um von einzelnen Individuen gelöst zu werden, und zweitens wird auch ein umweltfreundlicher Lebensstil allein nicht alles lösen können, was mit der Vermüllung und dem herrschenden Überfluss an Dingen in unserer Welt und eben auch in unserem eigenen, häuslichen Umfeld zusammenhängt.

Das eigene Denken verändern

Umweltbewusstsein ist eine gültige Richtschnur für das Leben im Allgemeinen. Doch wenn es um das konkrete Problem geht, dass wir einfach zu viel Kram haben, müssen wir bei unserem Denken ansetzen.

Viele von uns folgen dem Impuls, immer mehr Dinge anzuhäufen und diese dann alle zu behalten, da es verschwenderisch wäre, sie einfach wieder wegzuwerfen. Wir ziehen Befriedigung daraus, Dinge zu besitzen, und dieses Grundgefühl spornt uns an, zu viel anzuschaffen.

Doch etwas zu besitzen ist kein Wert an sich. Wir müssen uns die Frage gefallen lassen, ob die fraglichen Dinge wirklich nötig sind und tatsächlich benutzt werden. Wenn sich dann herausstellt, dass etwas gar nicht benutzt wird, sollten wir es abstoßen. Darin besteht die Kunst des Ausrangierens. Haben Sie erst einmal verinnerlicht, dass Sie unnütze Dinge nicht behalten müssen, werden Sie das Nötige besser wertschätzen und sorgfältiger bewahren können.

Sie brauchen gar nicht viel darüber nachzudenken. Sie brauchen nicht gleich am Anfang zu geloben, sich mit nur wenigen Dingen zu begnügen. Sie brauchen sich auch nicht zu sagen, dass der sorgsame Umgang mit allen Dingen gut für die Umwelt ist. Nehmen Sie sich einfach einen Gegenstand nach dem andern vor und fragen Sie sich: Ist er notwendig und wird er benutzt? Oder kann er ausrangiert werden? Allein durch diesen Auswahlprozess wird es Ihnen gelingen, nach und nach alles Überschüssige abzubauen, bis Sie das optimale Maß an Dingen um sich herum erreicht haben. Und dadurch wird auch Ihr Lebensstil ganz automatisch schon umweltverträglicher sein.

Wenn die Scheu vor Verschwendung Sie davon abhält, Dinge auszurangieren

Ich glaube, das japanische Wort *mottainai* (ein Gefühl von Scham und Bedauern angesichts der Verschwendung einer Sache) kann auch gefährlich sein. Seine grundlegende Bedeutung legt nahe, dass dem Wesen der fraglichen Sache Schaden angetan wird, und Zeuge eines solchen Vorgangs zu werden, verursacht uns Schmerz. Dass Japaner so denken und das Wort auch häufig in ihrem Alltag benutzen, ist an sich ausgesprochen positiv. (Ich selbst verwende es, wenn ich meine Kinder dazu anhalte, ihren Reis restlos aufzuessen.) Aber es kann auch der Frage im Wege stehen: „Werde ich diese Sache wirklich noch benutzen?" Und so zu der Täuschung führen, dass man etwas Gutes tut, nur weil man etwas behält und nicht ausrangiert.

Meiner Meinung nach liegt die beste Möglichkeit der Wertschätzung von Gegenständen darin, sie zu benutzen. Denken Sie an all die unerwünschten Geschenke, die Sie irgendwo verstaut haben, weil sie typische Beispiele für *mottainai* sind. An die Lebensmittel, die in Ihrem Kühlschrank vor sich hingammeln, weil Sie sich nicht entschließen können, sie wegzutun. An die vielen Plastiktüten aus dem Supermarkt, die sich bei Ihnen angesammelt haben. An all die Sachen, die Sie irgendwann einmal zum Verkauf anbieten wollten, es dann aber doch nicht geschafft haben. Auf all dies würde der Begriff *mottainai* zutreffen – und doch wäre es sehr schade, wenn er für nicht mehr stehen würde als den irrigen Glauben, dass etwas nicht wegzuwerfen damit gleichzusetzen wäre, etwas gut zu behandeln und zu erhalten.

Heben Sie nichts nur um des Aufhebens willen auf. Wenn Sie sich mit der Idee des mottainai anfreunden möchten, überlegen Sie, ob eine bestimmte Sache nötig ist oder nicht. Lässt sie sich noch gebrauchen, tun Sie dies auch. Wird sie alt und abgenutzt, verwenden Sie sie für einen anderen Zweck. Ist sie nicht mehr zu gebrauchen, entsorgen Sie sie zügig und vollständig. So macht *mottainai* für mich

Sinn – und erlaubt uns, ein souveränes und von unnötigem Ballast befreites Leben zu führen.

Leben Sie Ihr eigenes Leben

Haben die Menschen in Japan tatsächlich alle ihre Sachen immer so lange erhalten und gepflegt, wie sie konnten? Vielleicht haben Sie auch schon einmal von einem alten Kobold namens Mottainai gehört, den es in Japan geben soll. Tatsächlich klingt dies wie eine Figur aus einer alten japanischen Sage, doch war dieser Kobold eine Erfindung der Fernsehwerbung im Jahr 1982. Teil einer echten Überlieferung dagegen sind die Geister *Tsukumo-gami*. Von ihnen heißt es, sie nisteten sich in alte, nicht mehr beachtete Gerätschaften ein und stachelten diese zu allerlei Unfug an. Ihre Mahnung: „Lass nichts unbenutzt herumstehen!"

Mein Gefühl sagt mir, dass die Menschen in der Vergangenheit viel bewusster mit Dingen umgegangen sind als wir es heute tun. Sie hatten ein Gespür für die Seele und das Wesen (*mottai*) der Dinge und sahen es daher als Verschwendung (*mottai-nai*) an, sie nicht ausreichend zu nutzen, solange sie nutzbar waren. Waren diese Dinge dann irgendwann wirklich zu nichts mehr nutze, entsorgten sie sie entschieden in Bausch und Bogen. Dies zeigt sich zum Beispiel in der in einigen Tempeln Japans bis heute regelmäßig abgehaltenen *Hari-kuyo*-Zeremonie – einer Art Trauerandacht für die im Laufe eines zurückliegenden Jahres zerbrochenen alten Nähnadeln.

Ich glaube heute genauso wie damals, als ich die erste Version dieses Buches verfasste: Eine vollständige und entschiedene Entsorgung aller nicht mehr benutzter Dinge ist enorm wichtig. Uns stehen heute unendlich viele Informationen zur Verfügung und wir neigen dazu, sie alle abzuwägen, ehe wir zu Lösungen zu kommen. Ich glaube dagegen: Heute ebenso wie in der Vergangenheit ist es das Beste zu überlegen, was praktisch und machbar ist.

Von uns als Individuen kann nur erwartet werden, dass wir so leben, wie es unsere Umstände erlauben. Und es gibt keinen Grund dafür, nicht zu versuchen, uns die Dinge möglichst angenehm und leicht zu machen. Sie brauchen nicht an die Umwelt zu denken, um energiesparende Produkte zu kaufen, Sie können sich einfach die Einsparungen bei der Stromrechnung vor Augen führen. Und wenn Sie Ihre eigene Tasche mit zum Einkaufen nehmen, könnte Ihr Beweggrund einfach darin bestehen, dass Sie den großen, hässlichen Haufen aus Plastiktüten in Ihrer Wohnung nicht leiden können.

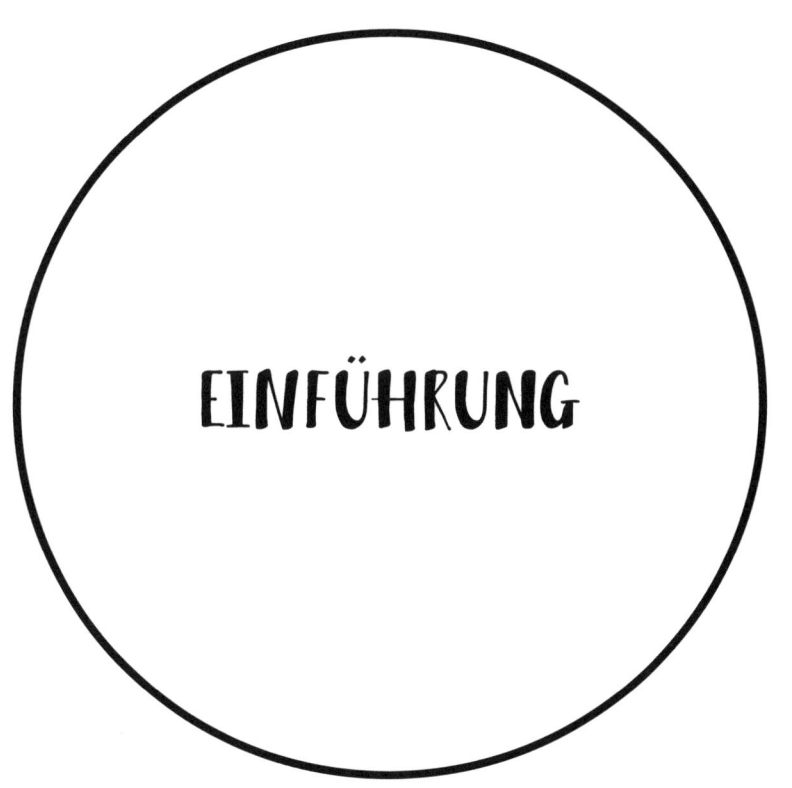

EINFÜHRUNG

WOVON KÖNNEN WIR UNS SCHLECHT TRENNEN – UND WARUM?

Mein Drang, andere Leute dazu aufzufordern, ihr altes Gerümpel auszusortieren, geht auf einen Abend zurück, an dem ich mit Freunden aus der Verlagsbranche zusammensaß. Eine Freundin erzählte von ihren Schwierigkeiten beim Büroputz zum Jahresende. Sie sagte, sie habe einfach nicht genug Stauraum für alle ihre mit der Arbeit zusammenhängenden Bücher und Dokumente. Am liebsten hätte sie alles behalten, um in Zukunft noch darauf zurückgreifen zu können, ihre Regale seien aber proppenvoll. Das Thema sprach offenbar auch die anderen an, die alle zugaben, ganz ähnliche Probleme zu haben. Dabei hatte jeder seine eigene Strategie: „Ich verstaue die Sachen in einem Pappkarton", sagte die eine. „Ich schneide die von mir geschriebenen Artikel aus und hefte sie in einen Aktenordner", erzählte ein anderer. „Ich habe eine Lagerfläche gemietet", gestand ein Dritter ein. Sie lachten, aber das Problem schien ziemlich ernst zu sein und rasch wurde deutlich, dass niemand wusste, wie es wohl am besten sei. Während ich plaudernd unter ihnen saß, begann ich mich zu fragen: Wenn alle ihre Sachen als eine so große Belastung empfinden, warum stoßen sie sie dann nicht einfach ab? Alle ihre Lösungen drehten sich um das Wie und Wo der Lagerung. Sie überlegten, wie sie ihren Kram möglichst platzsparend aufbewahren könnten, aber keiner ging so weit, ein umfassendes Ausmisten in Erwägung zu ziehen.

Bis oben hin vollgestopft

Bald wurde mir klar, dass dies nicht nur für meine Freunde mit ihren Büchern und Dokumenten gilt. Vielmehr handelt es sich um ein Phänomen, das die gesamte japanische Gesellschaft betrifft. Wirtschaftliches Wachstum hat dazu geführt, dass wir uns an ein System der Massenproduktion und des Massenkonsums gewöhnt haben. Wir sind gut darin geworden, Dinge auszuwählen und zu kaufen. Wir sind es gewohnt, sorgfältig darüber nachzudenken, was wir wollen.

Dann aber muss in dieser Welt des niemals endenden Nachschubs irgendwann etwas gründlich schiefgegangen sein.

Nehmen wir zum Beispiel das Thema Essen. Freilebende Tiere sind immer auf Nahrungssuche: Pflanzenfresser streifen den ganzen Tag umher und sind eigentlich immer am Futtern, weil Grünfutter nicht so viele Nährstoffen auf engem Raum zu bieten hat. Fleischfresser jagen ihre Beute, schlagen sich im Erfolgsfall den Magen voll und schlafen, bis sie wieder hungrig sind. In der Natur ist Hunger ganz normal und Tiere verfügen über ein natürliches System, um angemessen darauf reagieren zu können.

Wir Menschen dagegen haben mehr zu essen, als nötig ist. Von einem Überangebot an Lebensmitteln umgeben, müssen wir kontrollieren, was wir essen, und unsere Nahrungsaufnahme steuern. Hunger ist ein lebensnotwendiger Mechanismus, auf den der menschliche Körper reagiert, aber es gibt kein Signal dafür, wann wir zu viel essen. Wenn etwas lecker aussieht, essen wir; wenn es Zeit zum Essen ist, essen wir. Eine Begrenzung dafür gibt es nicht.

Mit den Dingen ist es ganz ähnlich. So wie wir nicht zu viel essen sollten, sollten wir auch nicht zulassen, dass sich zu viele Dinge um uns herum anhäufen. Essen kann köstlich und nahrhaft sein, aber es muss eine Grenze geben. Dinge können preiswert sein, qualitativ hochwertig und nützlich, aber wir können sie nicht endlos anhäufen.

Und doch kennen unsere Sinne kein Signal, das uns sagen könnte: Es reicht.

Treten Sie in Gedanken ruhig einmal einen Schritt zurück und schauen Sie sich an, wie sehr wir von Dingen umgeben sind. Kommt Ihnen das nicht unnatürlich oder unsinnig vor?

Dinge haben zu wollen ist menschlich

Woher kommt unser Wunsch, etwas besitzen zu wollen?

Was das Essen betrifft, ist die Antwort einfach. Wie Sex und Schlaf gehört das Essen zu den Aspekten des Lebens, aus denen wir Glück und Erfüllung ziehen. Doch unser Wunsch, Gegenstände besitzen zu wollen, scheint mir existenziell zu sein.

Bei den Gegenständen handelt es sich nämlich nicht bloß um irgendwelche beliebigen Objekte. Sobald wir sie besitzen, werden sie ein Teil von uns. Das ist die grundlegende Logik der Konsumgesellschaft – das Gefühl, dass wir uns selbst verwirklichen können, wenn wir das, was wir uns wünschen, auch haben. Und wenn wir etwas verlieren, das wir errungen haben, empfinden wir Schmerz über den Verlust dieses Teils unseres Selbst. Wenn ein Kleinkind Anzeichen von Ich-Bewusstsein entwickelt, will es sein Spielzeug für sich haben und nicht zulassen, dass andere Kinder es auch nur in die Hand nehmen. Erst später, wenn es ein Bewusstsein für andere entwickelt, ist es in der Lage, mit Freunden oder jüngeren Geschwistern zu teilen.

Ich glaube, dieser Impuls des Kleinkinds steckt auch noch dann in uns, wenn wir längst erwachsen sind, allerdings halten wir es unter einem Deckmantel der Rationalität verborgen. Er lässt uns Dinge horten und sofort Ersatz besorgen, wenn wir tatsächlich doch einmal etwas ausrangieren. Das scheint ein ganz natürliches Verhalten zu sein.

Gleichzeitig spüren wir offenbar, dass das Überangebot an Dingen um uns herum ganz und gar *un*natürlich ist. Ein Gefühl des Unwohlseins schleicht sich ein und kommt bei vielen in Form eines gesteigerten Interesses an Umweltproblemen und einem sparsamen Lebensstil zum Vorschein.

Obgleich es natürlich für den Planeten *und* für die Haushaltskasse nur gut sein kann, Müll einzusparen und den Konsum einzuschränken, habe ich nicht das Gefühl, dass ein so grundsätzlicher Richtungswandel für die Gesellschaft als ganze möglich ist.

Ich glaube, wir sollten die Tatsache akzeptieren, dass wir gern manches um uns haben und es uns Freude bringt, Dinge zu besitzen. Es ist ein Teil der menschlichen Natur, die wir nicht ändern können und die sich auch nicht von selbst ändern wird. Was wir ändern sollten, ist jedoch unsere Neigung, immer mehr Dinge in unseren Besitz zu bringen, ohne uns bewusst zu machen, was wir da eigentlich tun.

Die Idee des „Ausrangierens"

Wir müssen einfach damit aufhören, uns immer mehr zuzulegen und bei uns zu Hause „einzulagern". Wir müssen stärker über unsere Beziehung zu den Dingen nachdenken. Oft bewirkt dies eine wichtige Veränderung unserer Einstellung und wir werden in die Lage versetzt, uns mit der Vorstellung des Ausrangierens zu befassen und genau die Fähigkeiten zu entwickeln, die uns helfen weiterzuziehen und manches zurückzulassen.

Auszurangieren bedeutet für die meisten von uns mehr als ein paar alte Sachen in die Mülltonne zu stopfen. Wie die Freunde aus der Verlagswelt, die ich zu Beginn dieses Kapitels erwähnte, machen wir uns darüber große Sorgen. Doch nur, wer – trotz aller Unsicherheiten – bewusst selektiv vorgeht und sich überlegt, was er behalten will, wird eine Vorstellung davon entwickeln, wie viele Dinge ihm ausreichen, um zufrieden damit zu leben. Ist er den Überschuss erst einmal losgeworden, kann ein sparsamer und umweltfreundlicher Lebensstil (möglichst wenig kaufen, möglichst viel recyceln und so weiter) Allgemeingut werden und im Sinne eines „Besitzmanagements" vorteilhaft wirken.

Wenn Sie bis hierhin gelesen haben, könnten Sie versucht sein zu denken: „Okay, dann schmeißen wir den alten Plunder eben raus!" Aber wo soll man anfangen? Wie wird man das über viele Jahre Angesammelte möglichst auf einmal los? Es könnte sein, dass Sie verzweifelt die Hände in die Luft werfen und das Ganze aufgeben, ehe Sie überhaupt angefangen haben.

Um Sie vom Aufgeben abzuhalten, möchte ich Ihnen gleich ein wenig von meiner eigenen Erfahrung erzählen. Anschließend werde ich Ihnen dann eine von mir selbst durchgeführte Umfrage vorstellen. Mithilfe von Beispielen aus dieser Umfrage werde ich in den folgenden Teilen zu bestimmten Einstellungen und Strategien zum Ausrangieren ungenutzter Sachen übergehen.

Ein Umzug und die Wichtigkeit des Ausrangierens

Es war ein Umzug, der mich erkennen ließ, wie wichtig das Ausrangieren sein kann. Mit 26 zog ich aus dem Haus meiner Eltern in eine kleine Einzimmerwohnung mit Toilette, aber ohne Bad. Von dort ging es weiter in eine Zweizimmerwohnung, später in ein Haus mit zwei Schlafzimmern. Drei Umzüge in drei Jahren. Dann heiratete ich und zog wieder um. Als Erstes mieteten mein Mann und ich ein Haus mit drei Schlafzimmern und einem kleinen, abgetrennten Teil zum Arbeiten, schon wenige Jahre später kauften wir uns dann ein etwas größeres Haus. Alles in allem bin ich also in acht Jahren fünfmal umgezogen.

Die Erkenntnis dämmerte mir schon bei meinem ersten Umzug in die Unabhängigkeit meiner ersten kleinen, eigenen Wohnung. Von meinem begrenzten Budget mietete ich einen kleinen Lieferwagen und da ich nur das Nötigste mitnehmen wollte, sortierte ich alles durch, was ich hatte. Während ich noch überlegte, was alles mitkommen sollte und was nicht, stellte ich erstaunt fest, dass viele der Bücher, Erinnerungsgegenstände und sogar Möbel, die mir vorher so wichtig erschienen waren, in meiner neuen Wohnung gar nicht mehr nötig sein würden.

Meine Wohnung mit nur dem Nötigsten darin fühlte sich so richtig gut an. Aber die Menge der Sachen, die noch im Haus meiner Eltern geblieben waren, schien sich nicht verändert zu haben – ich hatte alles dort gelassen, was ich hätte ausrangieren können.

Unweigerlich wuchs die Menge an Kram mit jedem Umzug. Aber zu dem Zeitpunkt hatte ich die Wichtigkeit des Ausrangierens schon erkannt und siebte bei jedem Umzug gründlich aus.

Eine Hochzeit und die Freude des Ausrangierens

Das Heiraten stellte mich vor ein neues Problem: Mein Mann hatte seit fast zehn Jahre in dem Haus mit drei Zimmern gewohnt, das wir uns jetzt teilen wollten. Es war in der Taisho-Zeit im frühen 20. Jahrhundert gebaut, war großzügig geschnitten und hatte reichlich Stauraum in diversen Winkeln und Verstecken, die man auf den ersten Blick kaum bemerkte.

In den zurückliegenden Jahren hatte sich viel angesammelt: Lampen, Leuchten, und Blumentöpfe, die irgendwann noch einmal nützlich sein konnten, Vasen und Truhen, die „vorübergehend" hier und dort abgestellt worden waren, dazu der Inhalt der besagten Truhen – Beutel, Teller, Tassen, Schüsseln ...

Nichts davon war Müll. Alles ließ sich noch benutzen. Aber jetzt, wo eine zweite Person dort einzog, verringerte sich die Stellfläche unausweichlich und die Dinge standen plötzlich im Weg. Tja, und dann war diese zweite Person auch noch ich – jemand, der den Dingen ihre Wegwerf-Eignung schon ansehen konnte.

Natürlich fing ich sofort an, Sachen auszusortieren. Ich war erstaunt, wie viele Dinge sich dafür anboten. Und da sie alle von jemand anderem angesammelt worden waren, schien die Entscheidung sehr leicht zu sein. Doch mein Mann leistete Widerstand: „Das will ich noch behalten ...!" „Das kannst du nicht wegtun ...!" „Hände weg von meinen Büchern ...!", und so weiter. Also musste ich ihn überzeugen, wie wichtig es ist, Dinge loszuwerden – und dass dies zwar zuerst wie Verschwendung aussehen kann, aber vom enormen Platzgewinn mehr als aufgewogen wird.

Nach dem Ende der Feindseligkeiten beschwerte sich mein Mann nicht mehr und zeigte sich sehr glücklich darüber, wie ordentlich und aufgeräumt das Haus nun wirkte. Und sein Glück vergrößerte auch das meine.

Diese Erfahrung machte das Ausrangieren für mich gleich noch bedeutsamer, als es vorher schon gewesen war. Der Anblick eines aufgeräumten Zimmers vermittelte mir ein Gefühl der Freude. Immer wieder musste ich an berühmte Aussprüche über die Schönheit von Schlichtheit und Funktionalität denken. Ich dachte an die für ihre Einfachheit berühmte kaiserliche Katsura-Villa in Kyoto.

Am Ende war unser Heim ein sehr angenehmer Ort – einer, um den uns andere beneideten. Und wenn es auch ein, zwei Dinge geben mochte, die weggegeben zu haben ich bedauerte, kann ich mich jetzt gar nicht mehr daran erinnern.

Dennoch gab es, als wir in unser jetziges Haus umzogen, immer noch haufenweise Sachen auszurangieren – jedenfalls genug, um mich zur Verzweiflung zu treiben. Noch nach dem eigentlichen Umzug musste ich Tag für Tag in das alte, leere Haus zurück und weiteren Kram rausschaffen. Die Erkenntnis, dass wir trotz unseres Vorsatzes, vieles abzustoßen, noch immer mit so viel unnötigem Zeug im Haus gelebt hatten, entsetzte mich.

Ist die Situation bei Ihnen zu Hause anders?

Konflikte mit meiner dem Nachkriegsdenken verhafteten Mutter

Dass ich von der Notwendigkeit des Ausrangierens so überzeugt bin, hat auch mit meiner Mutter zu tun.

Sie gehörte zur Generation, die in und nach dem Zweiten Weltkrieg aufwuchs, heiratete bald nach der Schule und wohnte die nächsten fünfzehn Jahre in einem großen Haus mit einem zusätzlichen Lagerschuppen. Anschließend zog sie in eine Wohnung, in der sie seit 20 Jahren bis heute lebt.

Das Zuhause meiner Kindheit erinnere ich als einen mit allen möglichen Dingen vollgestellten Ort. Selbst, nachdem ihre beiden Kinder auszogen waren und geheiratet hatten, wurde es nicht besser. Im Gegenteil, ihre Wohnung wirkt vollgestopfter denn je.

Nehmen wir zum Beispiel den Geschirrschrank. Er platzt aus allen Nähten. Es finden sich dort sogar noch einige Reste von dem westlichen Service, das meine Eltern gleich nach ihrer Hochzeit gekauft hatten, eine Tasse von einem japanischen Teeservice, eine kleine Kanne, die sie als Gäste bei einer Hochzeit geschenkt bekamen, ein Glas von einer Werbeaktion, eine lackierte Schüssel, die ich meiner Mutter geschenkt hatte ... Obgleich sie allein lebt, hat sie dreimal so viel Geschirr wie wir.

Wenn ich ihr vorschlage, etwas davon auszusortieren, sagt sie: „Ich weiß, du hast recht", tut aber nichts. Wenn ich ihr anbiete, es für sie zu erledigen, sagt sie, sie würde es lieber selbst machen. Und ich verstehe, warum sie in diesem Punkt eine Hemmung hat. In den Nachkriegsjahren hatte ihre Generation echte Not kennengelernt. Geheiratet dagegen hatte sie in einer Zeit, als die Geschäfte von neuen Haushalts-Elektrogeräten und anderen Produkten nur so überflutet waren. Die alten Sachen sind in ihren Augen alle wertvoll für sie. Ohne Schuldgefühle kann sie sich nicht von etwas Nutzbarem trennen.

Alte Handtücher und angeschlagene Teetassen – Dinge, die andere Menschen schon längst entsorgt hätten – sind für meine Mutter noch immer mit der Aufforderung verbunden, sie auch zu nutzen. Einerseits ist ihre Einstellung bewundernswert. Andererseits handelt es sich um eine Tugend, die heute, wo Neues kommt, ehe die Nutzbarkeit des Alten zu Ende geht, nicht mehr viel gilt.

Ich hoffe, dass die Botschaft dieses Buches auch Menschen aus der Generation meiner Mutter erreicht. Sie müssen anfangen Überschüssiges auszurangieren und lernen, gerade auch darin eine Tugend zu sehen.

Und was ist mit meinem Arbeitszimmer?

Wahrscheinlich denken Sie jetzt, ich würde ein perfekt durchorganisiertes, aufgeräumtes Leben führen und mich nur mit sorgfältigst ausgewählten Objekten umgeben.

Das stimmt nicht ganz. Ich rangiere Sachen aus und trotzdem häufen sich immer wieder welche an. Alles in allem gibt es in meinem Haus wahrscheinlich weniger Kram als in den meisten anderen. Aber auch bei mir vermehren sich unnütze Dinge im Handumdrehen oder dringen auf rätselhafte Weise durch die kleinsten Ritzen ins Haus.

Schauen wir uns das Zimmer an, in dem ich gerade sitze und schreibe.

Auf und um meinen Schreibtisch:

Ein Stiftehalter mit viel zu viel drin: Einige der Stifte sind schon seit Jahren da und schreiben gar nicht mehr; außerdem ein schön gestaltetes Papiermesser, das sehr wichtig aussieht, von dem ich aber weiß, dass ich es niemals nutzen werde; ein kleines Miffy-Spielzeug, das ich mal geschenkt bekam, steht schon seit Monaten da.

Ein Stapel Disketten: Seitdem ich Daten per E-Mail verschicke und größere Texte auf der Festplatte oder in der Cloud speichere, benutze ich keine Disketten mehr. Ich weiß nicht einmal, was auf den Disketten drauf ist – ein Zeichen für schlechte Organisation (die Etiketten sind nicht beschriftet).

Schubladen: Ihren Inhalt habe ich bei jedem Umzug gründlich durchsortiert, trotzdem sind sie noch voller alter Notizbücher und Dokumente. Sie dienen nicht als Schubladen. Ich öffne sie höchstens einmal im Monat.

Auf dem Boden:

Ein Fußmassageroller aus Bambus, den mir mal jemand geschenkt hat, steht vor dem Stuhl und ist immer im Weg.

Stapel aus Faxen, Fotokopien und Zeitschriften sind zu einem Haufen zusammengewachsen. Irgendwo im unteren Bereich müssen sich die Reste meiner Arbeit vom letzten Monat befinden.

Stapelweise Bücher: Etliche sind es nicht wert, sie zu behalten, andere müssen in die Bibliothek zurück, ein Stapel gehört meinem Ehemann und steht schon seit unserem Einzug vor zwei Jahren dort vor dem Bücherregal. Manchmal stoße ich dagegen und er fällt um, aber ich schiebe die Bücher bloß wieder zu einem Stapel zusammen.

An der Wand:

Ein Sommermantel, der nicht in den Schrank passte, hängt seit letztem Herbst an der Wand.

Im Schrank:

Taschenbücher und der Staubsauger stehen unten ordentlich aufgereiht, aber der obere Teil ist voller Kleider, die ich niemals trage, und Taschen, die ich nie benutze.

Hier höre ich auf. Wenn ich noch mehr beschreibe, wird mir schlecht! Aber Sie müssen wissen, dass ich jede Woche mindestens einen großen Beutel mit Müll entsorge. Täte ich das nicht, wäre es noch viel schlimmer.

Die „Ich kann nichts wegwerfen"-Umfrage

Soweit meine persönlichen Erfahrungen. Lassen Sie uns ansehen, wovon andere Menschen sich nicht trennen können.

Um darüber Aufschluss zu bekommen, führte ich in meinem Kollegen- und Bekanntenkreis eine formlose „Ich kann nichts wegwerfen"-Umfrage zu Alltagsgegenständen durch, die für viele offenbar besonders schwierig auszurangieren sind. Meine nicht repräsentative Stichprobe bestand daher überwiegend aus Angestellten aus städtischem Umfeld, abgesehen davon gab es – etwa in puncto Lebensstil, Einkommen oder Beruf – jedoch keine Einseitigkeiten. Die Mehrheit der Befragten stammte aus dem Großraum Tokio, einige kamen aber auch aus Osaka, Kyushu, Shikoku, Chubu und Hokuriku. Obgleich die Methode der Datenerhebung sowie die Größe der Stichprobe sicher keine gültige Verallgemeinerung zulässt, vermittelt die Umfrage doch ein ziemlich gutes Bild von den Einstellungen zeitgenössischer Stadtbewohner.

Die Teilnehmenden wurden gefragt:

· Gibt es in Ihrem Alltag Dinge, die auszurangieren Ihnen besonders schwerfällt?

· Gibt es in Ihrem Haus oder in Ihrer Wohnung Ecken, die immer unordentlich aussehen?

· Gibt es Dinge, bei deren Anblick Sie immer wieder denken: „Eigentlich sollte ich das doch mal gründlich ausmisten"?

Fast alle Teilnehmenden (100 Prozent der Männer und 98 Prozent der Frauen) beantworteten die letzte Frage mit „Ja". Mit einer so hohen Rate hatte ich durchaus gerechnet. Meiner Einschätzung nach kennt so gut wie jeder dieses Problem. Ich fand es eher bemerkenswert, wenn überhaupt jemand mit „Nein" antwortete.

Die Frage nach den Gegenständen, die am meisten Probleme machten, ließ rasch die größten drei Problemzonen erkennen: Bücher, Kleider und Zeitschriften. Bei den Männern standen an erster Stelle Bücher und an zweiter Stelle Kleider. Bei Frauen kamen zuerst Kleider und dann die Bücher. Zeitschriften lagen bei beiden Geschlechtern an dritter Stelle. Obgleich ich erwartet hatte, dass es damit Probleme gab, war ich doch überrascht darüber, dass Bücher und Kleider etwa der Hälfte der Befragten beiderlei Geschlechts Probleme bereiteten.

Die nächste Frage half, den psychologischen Hintergrund zu klären:

- Gibt es Dinge, von denen Sie denken, dass Sie sie ausrangieren sollten, ohne sich dazu durchringen zu können?

80 Prozent der Männer und 95 Prozent der Frauen antworteten darauf mit „Ja". Anders ausgedrückt hieße dies, dass nur gut 10 Prozent der Befragten keine Dinge einfielen, auf die diese Frage zutraf. Demgegenüber steht jedoch die Reaktion auf die vorherige Frage. Fast jeder bejahte, dass es Dinge gibt, bei denen er nicht weiß, was er damit tun soll. Es scheint also so zu sein, dass manche Leute mit bestimmten Dingen nichts anfangen können, es aber trotzdem nicht schaffen, sich von ihnen zu trennen.

Für Männer traf dies am meisten auf Bücher zu, gefolgt von Zeitschriften und Kleidern. Bei den Frauen waren es Kleider, gefolgt von Büchern und Fotografien. Was die Befragten nur ungern ausrangieren, überlappt sich deutlich mit dem, von dem sie nicht wissen, was sie damit tun sollen. Wie erwartet bezog sich dies bei Männern tendenziell eher auf Informationsträger, bei Frauen bevorzugt auf Kleidung.

Wenn Sie mit etwas nichts anzufangen wissen, sollte Entsorgen zumindest eine Option sein

In diesem Buch möchte ich Ihnen nahelegen, das Ausrangieren als Option stets im Hinterkopf zu behalten: „Ich weiß nicht, was ich damit tun soll = Ich erwäge, es auszurangieren."

Wenn die Entscheidung uns nicht so oft schwerfallen würde, sähen unsere Häuser und Wohnungen ganz anders aus. Offenbar gibt es ja auch Dinge, von denen sich viele einfacher trennen können. Dazu noch ein paar interessante Umfrageergebnisse. Die Teilnehmenden sollten Dinge benennen, die sie bewusst möglichst schnell abstoßen, damit sie sich gar nicht erst anhäufen können. Angeführt wurde die Liste von Zeitschriften (immerhin Platz drei auf der Liste der Dinge, mit denen viele nichts anzufangen wissen). 40 Prozent der Männer und 60 Prozent der Frauen geben Zeitschriften zügig ab, damit sie sich nicht ansammeln können.

Den Frauen macht es der begrenzte Informationsgehalt von Modezeitschriften womöglich vergleichsweise leichter, sie wegzuwerfen (sie stehen erst an fünfter Stelle der Liste von Dingen, von denen sich Frauen nur schwer trennen können).

Andere Dinge, die Leute bewusst wegwerfen, sind Werbebriefe und Postwurfsendungen, Tragetüten von Supermärkten und Warenhäusern, Broschüren, Kataloge und Zeitungen. Zum einen lässt sich leicht feststellen, dass sie nicht mehr nötig sind, zum anderen spielt auch die Angst vor Anhäufung mit. Wer diese Angst kennt, hat den ersten Schritt zum Ausrangieren schon getan.

Dinge, die Probleme machen

Nach einem ersten kurzen Blick auf die Ergebnisse der Umfrage möchte ich nun etwas ausführlicher auf einige der genannten Beispiele eingehen.

Wie ich schon sagte, sind die Dinge, die am ehesten Probleme aufwerfen, Bücher, Zeitschriften und Kleider. Dabei zeichnen sich einige übergeordnete Muster ab:

1. Dinge mit informativem Charakter – Bücher, Zeitschriften, Dokumente (auch für die Arbeit), Broschüren und Kataloge. Den Betroffenen fällt es schwer, sie auszurangieren, weil sie fürchten, später vielleicht eintretende Probleme könnten den Rückgriff darauf noch einmal notwendig machen. Doch sammeln sich gerade solche Dinge besonders schnell an. Mehr noch, ohne ein gutes Ordnungssystem ist man im Ernstfall oft nicht in der Lage, sie wirklich einzusetzen. Sie sinnvoll zu lagern macht daher viel Mühe.

2. Kleider, Schuhe, Taschen und so weiter: Weil dies Dinge sind, die am Körper getragen werden, wachsen sie ihren Besitzern mit der Zeit ans Herz. Sie haben kein Mindesthaltbarkeitsdatum und meist eine lange Lebenszeit. Probleme bereiten sie vor allem dann, wenn der Stauraum knapp wird. Das Problem wird spätestens dann klar, wenn der Schrank voll ist.

3. Freizeitartikel wie Videos und CDs. Sie werden gerne aufbewahrt, weil sie schnellen Zugang zu bestimmten Filmen oder Musikstücken bieten. Aber sie sind schwer so zu lagern, dass der Zugang jederzeit einfach möglich ist. In dieser Hinsicht sind sie psychologisch ähnlich zu werten wie die Gegenstände unter Punkt 1.

4. Dinge mit besonderer emotionaler Bedeutung. Davon gibt es viele – nicht nur Fotos, Geschenke und Glückwunschkarten, sondern zum Beispiel auch von der Mutter genähte Kleidungsstücke, altes Spielzeug der Kinder, der kurz nach der Hochzeit gekaufte Fernseher oder Nachschlagewerke aus der Studien-

zeit. Sie alle können schwer ausrangierbar sein, nicht so sehr wegen ihres Informationsgehalts, sondern wegen der damit verbundenen schönen Erinnerungen.

5. Dinge, deren Entsorgung wie Verschwendung wirkt. Lebensmittel sind hier ein typisches Beispiel. Sie wegzuwerfen gibt uns ein schlechtes Gefühl. Ähnliches gilt für teure Dinge wie Markenschuhe oder Designerkleidung. Die meisten Menschen haben das Gefühl, sie mit besonderem Respekt behandeln zu müssen. Auch Bücher und Geschenke können in diese Kategorie fallen.

Die verborgene Psychologie des Entsorgens

Die Befragten wurden gebeten, von einer vorbereiteten Liste mögliche Lösungen für Gegenstände auszuwählen, mit denen sie nichts anzufangen wissen. Sowohl Männer als auch Frauen wählten am häufigsten „Entsorgen". Die Art der Befragung mag die Teilnehmenden verstärkt zu dieser Reaktion gebracht haben, trotzdem schienen sie ziemlich sicher das Gefühl zu haben, dass die fraglichen Dinge – wenn möglich – entsorgt werden sollten.

Die zweithäufigste Antwort bei den Frauen (fast 50 Prozent) bestand darin, das Problem durch bessere Lagerungs- und Ordnungssysteme zu lösen. Möglicherweise spiegeln sich darin die sozialen Erwartungen an Frauen und ihre Ordnungsliebe wider.

Viele Männer dagegen würden das Problem gern dadurch lösen, in ein größeres Haus umzuziehen. Fast kann man sie seufzen hören: „Wenn wir doch nur mehr Platz hätten ...!" Ich verstehe diese Gefühle, doch ist es ziemlich optimistisch anzunehmen, dass ein größeres Haus das Problem wirklich lösen würde. Hier scheint es einen Unterschied zwischen Männern und Frauen zu geben.

In der Befragung bat ich außerdem um Assoziationen zu dem japanischen Wort „suteru" (mit der Bedeutung „entsorgen", „loswerden"). Auch dabei zeigten sich interessante psychologische Muster. Einerseits gab es Assoziationen wie „Erleichterung", „Entschlossenheit", „neuer Start", „frisch", „leicht", „Umzug", „minimalistisch" und „einfaches Leben". Ich vermute, dass sie von denen stammen, die „entsorgen" als bevorzugte Lösung für ihre Ordnungsprobleme angaben. Andererseits gab es Assoziationen wie „könnte eines Tages doch noch mal notwendig werden", „ich könnte es bereuen" und „ich muss einfach lernen, mich besser zu organisieren". Vermutlich suchen diese Menschen Abhilfe bei besseren Lagerungs- und Ordnungssystemen. Die negativen Anklänge in diesen Assoziationen verbinden sie mit anderen wie „Erinnerung", „Bindung", „Abschied", „Trennung", „Frau", „Mann", „Vergangenheit", „gehen", „die Eltern verlassen" und „verschwinden". Dass eine ganze Reihe von Menschen den alten Brauch, ältere Menschen in den Bergen auszusetzen, damit assoziierten, überraschte mich sehr. Offenbar handelt es sich um ein tief verwurzeltes Bild.

Ich halte es für ganz natürlich, dass viele an Begriffe dachten, die sehr direkt auf „Entsorgung", „Müll", „Müllbeutel" oder „Müllhalde" anspielten. Viele andere wiederum nannten Begriffe, die ökologische Aspekte betonen: „Abfall", „Dioxin", „recyceln", „Flohmarkt", „Aufbereitungsanlage", „Umweltverschmutzung" oder „vielleicht könnte es noch jemand gebrauchen".

Fassen Sie Mut – trennen Sie sich von Dingen

Ich hoffe, anhand der Umfrageergebnisse ist Ihnen klargeworden, dass das Entrümpeln auf den ersten Blick leicht erscheinen mag, auf den zweiten Blick jedoch ziemlich komplexe psychische Vorgänge in Gang setzt.

Deutlich wird dies bei der oben erwähnten Assoziationsübung. Hier sahen die Menschen den Vorgang des „Entsorgens" oft von verschiedenen Blickwinkeln gleichzeitig. Zum Beispiel nannte ein und dieselbe Person „Verschwendung", aber auch „Erleichterung" und „Entschlossenheit". Eine andere nannte „recyceln", aber auch „vergangen" und „leicht".

Anstatt sich mit diesen inneren Widersprüchen auseinanderzusetzen, kann es natürlich leichter erscheinen, einfach alles anhäufen zu lassen. Doch das ist eine Täuschung. Seien Sie kein ängstliches Mäuslein, das sich in einem Astloch zwischen Blättern und Nüssen versteckt. Zuzuschauen, wie die Haufen immer größer werden, kann am Ende sehr belastend sein. Fassen Sie Mut und befreien Sie sich von allem Ballast.

TEIL 1

WIE AUCH SIE DIE KUNST DES AUSRANGIERENS MEISTERN KÖNNEN

Zehn Grundsätze, die wirklich helfen, Ballast loszuwerden

1 – Nichts „erst mal aufheben"

Wer Dinge anhäuft, sagt gern: „Lass es uns erst mal aufheben" oder „Bis auf Weiteres behalten wir es". Doch die Lage wird sich kaum grundlegend ändern, deshalb hat es auch keinen Zweck, die Entscheidung hinauszuschieben.

Hier lauern die Gefahren

Viele Menschen heben alles „bis auf Weiteres" auf, von Informationsträgern (Dokumenten, Zeitschriften, Prospekten, Postwurfsendungen und so weiter) bis zu Lebensmitteln, Kleidern, Geschenken, Möbeln und Werkzeugen.

Wann sie bevorzugt auftreten

Etwas erst mal aufzuheben ist so gut wie immer der einfachste Ausweg, weshalb wir auch in den verschiedensten Situationen dazu neigen. Hier einige Beispiele:

SITUATION 1: MORGENDLICHES ZEITUNG LESEN

Voller Werbebeilagen, wie immer. Hm ... die könnten ein paar nützliche Informationen enthalten. Oh, das sieht preiswert aus ... Ich suche ja einen neuen Computer. Ah, ein Sonderverkauf in dem edlen Kaufhaus ... Das erinnert mich an: Ich habe nicht genug Sommerhemden. Jetzt habe ich keine Zeit, mir alles anzuschauen, aber ich kann das ja auch noch am Abend tun, wenn ich nach Hause komme. Ich muss nur meiner Frau Bescheid sagen, dass sie sie nicht wegwirft. „Lass uns die Prospekte erst mal aufheben, Schatz, ich schaue sie mir später an."

SITUATION 2: VOM EINKAUF ZURÜCKKEHREN – SACHEN IM KÜHLSCHRANK VERSTAUEN

Was ist das denn alles? Wie soll ich meinen Einkauf denn da noch reinbekommen? Na ja, ich verwende das ja sowieso heute Abend, da kann ich es ruhig noch ins Türfach stopfen. O je, diese Gläser da hinten, wo kommen die denn her? Ich muss das alles unbedingt mal durchsortieren. Aber erst mal lass ich alles, wo es ist! Oh nein! Es gibt keinen Platz mehr für den Tofu! Vielleicht quetsche ich den noch ins Gemüsefach. Und der Spinat welkt! Na ja, ich habe ja schon beschlossen, ihn heute nicht zu verwerten ... Vielleicht können wir morgen was damit machen. Ich werde ihn erstmal aufheben.

SITUATION 3: SIE BEKOMMEN EINE LIEFERUNG

Ein Geschenk von Frau Tatsumi ... Oje! Noch mehr Trockennudeln! Was soll's! Wir werden sie nicht gleich aufbrauchen können. Ich stelle sie erst mal in den Küchenschrank. Uh, der Karton passt nicht ins Fach! Na ja, mach ich doch einfach die Verpackung ab. Ja, so passt es. Gut, so kann ich sie erst mal aufheben.

SITUATION 4: RÜCKKEHR VON EINER HOCHZEIT

Das Brautpaar hat sich wirklich große Mühe gegeben und für jeden Gast ein individuelles Geschenk ausgesucht ... Und was haben sie mir geschenkt? Oh, das ist eine Überraschung. Nicht so ganz mein Geschmack ... Aber da kann man nichts machen. Wenn sie zu uns zu Besuch kommen und es nicht sehen, kann es peinlich werden. Am besten, ich behalte es wohl erst mal bis auf Weiteres.

SITUATION 5: SIE HABEN EINE NEUE LAMPE GEKAUFT

Ja, tolles Design. Passt perfekt ins Zimmer. Aber was machen wir jetzt mit dem Rattanschirm, den wir hier immer hatten? Ihn wegzuwerfen wäre Verschwendung. Schließlich ist er noch gut in Schuss. Irgendwie mag ich auch das Design.

*Heben wir ihn erst mal auf. Vielleicht findet sich ja noch eine Verwendungs-
möglichkeit.*

SITUATION 6: SIE HABEN GERADE EIN GESCHÄFTLICHES MEETING HINTER SICH

*Das war eine Überraschung. Ich hätte nie gedacht, dass so viele Leute kommen.
Zum Glück hatte ich genug Visitenkarten dabei. Aber was mache ich bloß mit
all den Karten von den anderen? Ich weiß jetzt schon nicht mehr, welche von
wem war. Aber ich kann sie ja erst mal aufheben. Und dann die vielen Papiere
… Die Verträge sind unter Dach und Fach, für das Weitere bin ich nicht mehr
zuständig. Aber die Unterlagen behalte ich trotzdem erst nochmal eine Weile
– für alle Fälle.*

DIE „ERST-MAL-BEHALTEN"-MENTALITÄT

Ich bin sicher, viele von Ihnen werden die beschriebenen Situationen kennen. Lassen Sie uns überlegen, ob die „Erst-mal-behalten"-
Mentalität den Beteiligten tatsächlich irgendeinen Vorteil bringt.

In Situation 1 können wir uns förmlich vorstellen, wie die Prospekte sich auf dem Esstisch stapeln. Wenn der Mann abends spät vom
Büro nach Hause kommt, wird er viel mehr Interesse an einem heißen
Bad und dem Fernseher haben. Seine Frau wird fragen: „Willst du
die noch anschauen?", und er wird antworten: „Natürlich! Habe ich
doch gesagt, oder?" Er wird einen kurzen Blick darauf werfen – und
das wär's dann gewesen.

In Situation 2 wird die Frau die Gläser später irgendwann aus dem
Kühlschrank nehmen und mit Schrecken feststellen, dass der Inhalt
schimmelig ist. Der Spinat wird im Gemüsefach eine weitere Woche
lang vor sich hinwelken, bis er endlich weggeworfen wird.

Situation 3 löst sich beim nächsten Frühjahrsputz. „Was ist das
denn?", wird es beim Blick in den Schrank heißen. Dann wird die

Verpackung geöffnet und festgestellt, dass die Nudeln durch einge-
drungene Feuchtigkeit ungenießbar geworden sind.

Die Frischvermählten aus Situation 4 kommen nie zu Besuch
und ihr Geschenk landet in irgendeiner Schrankecke. Der alte Lam-
penschirm in Situation 5 ist dazu verdammt, jahrelang ein anderes
Schrankfach besetzt zu halten, um dann beim nächsten Umzug doch
auf dem Müll zu landen. Und die Visitenkarten aus Situation 6 füllen
das Kartenetui, während die Unterlagen hinten in einer Schublade ihr
Dasein fristen, bis niemand mehr weiß, wozu sie eigentlich gut waren.

In Wahrheit waren die meisten dieser Gegenstände von dem Moment an, in dem man sie geschenkt bekam oder durch etwas Neues
ersetzte, nur noch lästig. Man hätte sie sofort wegwerfen können,
aber das trauen sich die meisten nicht. Sie behalten sie „fürs Erste",
nur um zu irgendeinem späteren Zeitpunkt zu der Überzeugung zu
gelangen, dass sie doch wegmüssen: „Tja, wir haben das behalten,
aber wir haben es nie benutzt, also …"

Besonders gern geht man so auch mit leicht beschädigten Gegenständen um – mit einer Teetasse mit einem feinen Sprung, einem Kugelschreiber, der nicht gut schreibt, einer Bluse mit einem
kleinen Fleck … Auch sie sind lästig, aber irgendwie erscheint es wie
Verschwendung, sie wegzuwerfen, also halten wir „fürs Erste" an ihnen fest.

Dinge, die „fürs Erste" behalten werden, befinden sich in einer
Art Limbo kurz vorm Abgrund zur Müllhalde. „Bis auf Weiteres" oder
„erst mal" lauten andere Versionen des Versuchs, dem Aufräumen
zu entkommen.

Ist ein Gegenstand wirklich notwendig, kommt die „fürs Erste"-Phi-
losophie dagegen so gut wie nie ins Spiel.

Auf gewisse Weise erinnert sie an den „Papierkorb" im Computer.
Gibt man eine Datei hinein, ist sie nicht mehr zu sehen. Aber sie ist
nicht wirklich verschwunden. Sie befindet sich noch auf der Festplatte. Erst wenn man „Papierkorb leeren" anklickt, ist man die Datei
wirklich los und sie wird auch von der Festplatte gelöscht.

Doch es gibt einen großen Unterschied zwischen einem Computer und der realen Welt. Der Papierkorb im Computer kann sich füllen, ohne tatsächlich Raum in Anspruch zu nehmen, und die gelöschten Dateien geben Speicherplatz frei. In der realen Welt dagegen nehmen Dinge, die man „fürs Erste" irgendwo ablegt, diesen Raum ein, bis wir uns endlich dauerhaft von ihnen trennen.

Gedankenabwehr

Am besten gewähren Sie der „Fürs Erste"-Mentalität gar nicht erst Zutritt zu Ihrem Kopf. Wenn Sie sich wirklich einen Prospekt anschauen wollen, nehmen Sie ihn sofort zur Hand. Wenn Sie die Gläser im Kühlschrank stören, nehmen Sie sie sofort heraus. Wenn Sie etwas zu essen geschenkt bekommen, nehmen Sie es aus der Verpackung und stellen Sie es so hin, dass es eine Chance hat, gegessen zu werden. Auch wenn Sie es wahrscheinlich nicht gleich verzehren werden, packen Sie es trotzdem aus. Je attraktiver die Verpackung, desto größer die Gefahr, dass Sie das Essbare darin verderben lassen. Wenn Sie es herausnehmen, haben Sie Gelegenheit, es zu genießen und auch anderen davon anzubieten.

Menschen haben oft das Gefühl, es sei Verschwendung, Lampen, Geräte oder Möbel wegzuwerfen, deshalb neigen sie dazu, sie „fürs Erste" aufzubewahren. Viel besser wäre es, einen anderen Ausweg zu suchen. Wie wär's mit Nachfragen bei einem Secondhand-Laden oder in Ihrem Freundeskreis? Darauf werde ich später noch zu sprechen kommen.

Dokumente, Visitenkarten und Zeitschriften sind im Hinblick auf ihren späteren Nutzen oft schwer einzuschätzen, trotzdem wiederhole ich: Behalten Sie nichts „fürs Erste".

Der Zweck von Visitenkarten besteht darin, Ihnen Hilfestellung zu leisten, wenn Sie mit jemandem in Kontakt treten möchten. Es gibt keinen Grund, die Karten von mehreren Personen aus derselben Abteilung derselben Firma zu horten. Und wenn Ihnen der Name auf der Karte nichts sagt, sind auch die Chancen, dass Sie die fragliche Person jemals kontaktieren müssen, ziemlich klein. Wenn Sie Dokumente oder Zeitschriften „fürs Erste" verstauen, fragen Sie sich immer, warum genau Sie sie behalten wollen. Geschieht es aus keinem besonderen Grund, werden sie Ihnen nur im Weg sein und es Ihnen noch schwerer machen, Dinge zu finden, die wirklich wichtig sind. Wenn Sie sie behalten, sollten Sie einen klaren Grund dafür haben. (Zu Papieren und Dokumenten werde ich später noch mehr sagen).

2 – Nichts zwischenlagern – jetzt entscheiden!

Dinge, an denen wir „fürs Erste" festhalten, neigen dazu, keinen potenziellen Nutzen zu haben. Ohne eine spezifische Funktion im Kopf zu haben, besteht die Gefahr, ihnen ein vorübergehendes oder provisorisches Zuhause zuzuweisen. Das Problem ist, dass aus „vorübergehend" sehr oft „dauerhaft" werden kann.

Hier lauern die Gefahren

Hier geht es um alles, von dem wir meinen, es sollte nicht weggeworfen, sondern bloß besser sortiert werden – Bücher, CDs, Videos, Papiere und auch Dinge, die regelmäßig genutzt werden wie Lebensmittel, Kleider, Schreibwaren und andere alltägliche Gegenstände.

Wann sie bevorzugt auftreten

Nehmen wir einfachheitshalber Beispiele rund um den Arbeitsplatz.

Stellen Sie sich einen Schreibtisch vor. Sie haben die seitlichen Schubladen wie folgt zugeordnet: oben Schreibpapier, Mitte PC-Zubehör, unten aufbewahrenswerte Papiere. Die breite Schublade in der Mitte ist Notizbüchern und in Arbeit befindlichen Projekten vorbehalten.

Aber die Dinge halten sich nicht an diese Einordnung und fangen bald an, auf Bereiche überzugreifen, die gar nicht für sie vorgesehen sind.

SITUATION 1: AUF DEM SCHREIBTISCH

Auf Ihrem Schreibtisch gibt es einen Stapel von Papieren, den Sie als aktuell betrachten: Dokumente zu einem in Ausarbeitung befindlichen Plan, Fachzeitschriften, die Sie lesen müssen, eine Wochenzeitschrift, die Sie gestern gekauft haben. Das alles haben sie „vorübergehend" hier gestapelt. Nun kommen Sie von einer Besprechung zurück und beschließen, die von dort mitgebrachten Papiere oben auf denselben Stapel zu legen – vielleicht brauchen Sie sie ja gleich nächste Woche, weshalb sie auf dem „aktuellen" Stapel nicht völlig fehl am Platze sind. Wenn Sie sie richtig verstauen würden, könnte es ja sein, dass Sie vergessen, wo Sie sie hingetan haben.

SITUATION 2: SIE HABEN EIN PROJEKT BEENDET

Sie haben an einem Plan gearbeitet. Da Sie es in der Vergangenheit schon einmal mit einem ganz ähnlichen Projekt zu tun hatten, haben Sie also Papiere aus der alten Akte herausgenommen und auf Ihren Schreibtisch gelegt. Jetzt ist der Plan fertig und die Verantwortung geht auf eine andere Person über – eine gute Gelegenheit, unnötige Papiere loszuwerden. Aber die aktuellen Papiere sind mit den alten vermischt. Wenn Sie den alten Bericht wegwerfen würden, bliebe keine Kopie mehr erhalten. Sie haben keine Zeit, die einzelnen Seiten durchzusehen, also legen Sie sie „vorübergehend" in der alten Akte ab.

SITUATION3: SIE WERDEN UNTERBROCHEN

Sie drucken gerade Unterlagen für eine Präsentation aus, als plötzlich etwas Dringliches dazwischenkommt. Sie schieben die Papiere in eine Schublade mit der Aufschrift „Aktuelles". Es hat ja noch keinen Zweck, sie ordentlich abzuheften, Sie müssen sie ohnehin gleich noch kopieren. Außerdem haben Sie sie ja auch noch auf dem Computer.

SITUATION 4: „DIVERSES"

Sie haben jede Menge Sachen, die nicht genau in die Zuordnung Ihrer Schubladen passen: eine Garantiebescheinigung, einen Katalog, ein paar Fotos, Kekse, die Ihnen jemand geschenkt hat, ein Feuerzeug und so weiter. Sie wissen nicht, wo Sie sie hintun sollen, aber in der Schublade in der Schreibtischmitte ist noch ein bisschen Platz, also schieben Sie alles hinein.

SITUATION 5: PAPIERSTAPEL

Die Menge an Papieren, die Sie behalten müssen, nimmt rasch zu, also beschlie-
ßen Sie, sie „vorübergehend" in einer Pappschachtel auf dem Boden aufzuhe-
ben. Sie können alles einfach hineinschieben. Das macht das Leben leicht. Die
Schachtel hat viel Volumen. Später einmal wollen Sie sich Zeit nehmen, die
Papiere richtig zu sortieren.

DIE „VORÜBERGEHEND"-MENTALITÄT

Vielleicht haben Sie ja tatsächlich die Absicht, etwas „nur vorübergehend" abzulegen, doch wenn etwas erst einmal abgelegt ist, stehen die
Chancen gut, dass es dort auch bleibt. Selbst wenn der Platz gänzlich
unpassend ist, bleibt es sehr unwahrscheinlich, dass Sie es dort noch
einmal wegnehmen werden. Steht ein Karton im Flur, neigen die
meisten dazu, darum herumzulaufen – kaum jemand denkt daran,
ihn wegzuräumen. Nimmt ein Stapel Papiere zu viel von dem raren
Platz auf Ihrem Schreibtisch ein, schieben Sie ihn wahrscheinlich bloß
zur Seite. Alles andere wäre viel zu lästig. Die Anzahl „vorübergehend"
abgelegter Gegenstände wächst und die Situation gerät außer Kon-
trolle. Hier eine kleine Übersicht darüber, was alles passieren kann:

1. Sie vergessen, dass es sie überhaupt gibt (Situation 1).
2. Sie wissen nicht mehr, wo Sie sie hingetan haben (Situationen 3, 4).
3. Sie verstauen sie und sehen sie nie mehr wieder
   (Situationen 2, 4, 5).
4. Sie vermischen Wichtiges mit Unwichtigem (Situationen 1, 2, 5).
5. Sie verstauen alles an derselben Stelle, weil es so am einfachsten
   ist (Situationen 1, 2, 5).

Dass Sie Dinge, von denen Sie gar nicht mehr wissen, dass es sie gibt,
nicht nutzen können, liegt auf der Hand (1). Wenn Sie sich nicht erinnern können, wo sie sind, werden Sie sie auch nicht finden (2). Wenn

Sie sie gedankenlos verstauen, werden Sie sie wahrscheinlich nicht wieder benutzen (3). Haben Sie nötige und unnötige Dinge vermischt, wird es umständlich werden, sie durchzusortieren und einen Teil davon wegzuwerfen (4). Wenn Sie anfangen, alles an eine Stelle zu legen, weil das am einfachsten ist, wird diese Stelle sich bald in eine Art Müllhalde verwandeln (5).

Das gilt natürlich nicht nur für den Arbeitsplatz – das Gleiche geschieht auch zu Hause, in Wohnzimmern, Küchen, Schlafzimmern. Ja, es gibt nicht viel, das nicht „vorübergehend" abgelegt wird. Dinge „fürs Erste" zu behalten oder sie „vorübergehend" irgendwo zu verstauen, gehört zu den ganz natürlichen menschlichen Verhaltensweisen.

Mich erinnert es immer an die Eichhörnchen im Wald. Sie vergraben Nüsse als Wintervorrat, vergessen aber manchmal, wo dies war. Wenn der Frühling kommt, keimen die Nüsse und es wachsen kleine Setzlinge. Es handelt sich um eine Art gegenseitige Unterstützung von Eichhörnchen und Bäumen, basierend auf Futter und Fortpflanzung. Doch hat auch unsere Neigung, Dinge „vorübergehend" abzulegen, einen vergleichbaren Nutzen?

GEDANKENABWEHR

Wenn wir von zu viel Kram umgeben sind, ist diese Art der gedankenlosen „vorübergehenden" Lagerung schlicht gefährlich. Sie macht es nicht nur schwieriger, Dinge auszurangieren, sie erschwert es uns auch, wichtige Dinge im Bedarfsfall wiederzufinden.

Wir müssen hart bleiben – uns jetzt entscheiden. Wenn Sie sich bei der Absicht ertappen, Papiere auf einen bereits bestehenden Stapel zu legen, halten Sie inne. Wenn Sie dabei sind, Suppendosen in den Geschirrschrank zu stellen, lassen Sie es sein. Wenn Sie als Werbegeschenk ein Gästehandtuch bekommen haben, stecken Sie es nicht einfach in den nächsten Schrank. Fragen Sie sich: „Ist das wirklich der richtige Platz dafür?"

Die Hälfte der Papiere kann wahrscheinlich weggeworfen, der Rest in einer Akte abgeheftet werden. Wenn Sie auf die Idee kommen, Dosen in den Geschirrschrank zu stellen, muss Ihr Vorratsschrank voll sein. Wahrscheinlich sind einige der Sachen längst abgelaufen. Vielleicht nehmen aber auch alte *bento*-Kästchen oder eine Vorratspackung Papierservietten unverhältnismäßig viel Platz weg. Warum legen Sie das geschenkte Gästehandtuch nicht gleich als Putztuch in den Kofferraum Ihres Wagens? Oder wischen damit, falls Sie im Auto schon mehrere Putztücher haben, den Boden und werfen es anschließend in die Mülltonne.

Sie werden immer wieder erleben, dass das Vermeiden von „vorübergehenden" Aufbewahrungslösungen für eine Sache zu anderen Dingen führt, die bei der Gelegenheit auch gleich mit entsorgt werden können.

3 – „Eines Tages" kommt nie

Häufig sagt man Dinge wie: „Eines Tages werde ich das noch gebrauchen können" oder „Eines Tages könnte es nützlich sein" – in Wirklichkeit handelt es sich dabei jedoch um den Sankt-Nimmerleins-Tag. Kleine Mädchen träumen vom Prinzen – aber der kommt nie. Und ehe sie sich's versehen, sind sie auch ohne Prinz erwachsen geworden.

Hier lauern die Gefahren

Kleider, Taschen und Accessoires, Bücher, Zeitschriften, Papiere, Werbebroschüren, Kataloge, Videos, Fotos und Negative, Geschenke, Lampen samt Zubehör oder Fernseher, die ersetzt wurden.

Wann sie bevorzugt auftreten

Den „einen Tag" beschwören wir oft, wenn wir nicht sicher sind, ob wir etwas behalten oder entsorgen sollen. Mangels klarer Entscheidungsgrundlage erscheint „eines Tages" als verlockend schneller Ausweg.

SITUATION 1: KLEIDER IN DEN SCHRANK LEGEN

Der Kleiderschrank ist so voll, dass alles zerknittert. Ich sollte das alles mal gründlich durchsortieren. Was ist das denn? Das habe ich ja schon lange nicht mehr getragen! Sieht ziemlich klein aus – ich habe ja ein bisschen zugenommen. Aber damals beim Kauf hat es mir ausgesprochen gut gefallen und vielleicht nehme ich eines Tages ja auch wieder ab. Ja, ich glaube, ich behalte es lieber. Und was ist damit? Ich glaube, das sollte ich ausrangieren. Das habe ich während des Studiums gekauft, ganz schön altmodisch. Aber die 70er Jahre sollen ja jetzt wieder Mode werden. Vielleicht ziehe ich es eines Tages noch mal an.

SITUATION 2: EINEN EINRICHTUNGSKATALOG ANSCHAUEN

Ich bin so froh, dass wir die Gardinen ausgetauscht haben. Das ist wirklich ein toller Katalog. Schau dir diese Lampen an. Und das Waschbecken. Richtig schick. Das sind tolle Einrichtungsideen. Vielleicht wollen wir uns eines Tages ja auch wieder ein paar neue Möbel anschaffen. Da hebe ich den Katalog lieber mal auf.

SITUATION 3: EIN FOTOALBUM AUFRÄUMEN

Kinder wachsen so schnell! All diese Fotos ... Als unsere Tochter klein war, haben wir jeden Monat fünf Filmrollen vollgeknipst. Oje! Die Schachtel mit den Negativen quillt schon über. Vielleicht sollte ich einige von den alten doch lieber wegwerfen. Aber was, wenn unsere Tochter ihre eigenen Abzüge haben möchte, wenn sie erwachsen ist? Ich schmeiße sie doch lieber nicht weg. Eines Tages könnten sie noch nützlich sein.

SITUATION 4: RÜCKKEHR VON EINER HOCHZEIT

Das war ja wirklich ein tolles Fest! Schau dir nur diese riesige Tüte mit Dankesgeschenken an – aber so ist Nagoya nun mal! Ich frage mich, was da wohl drin ist. Eine große Schachtel ... ein Zaru Soba-Set. Sieht sehr teuer aus. Aber so etwas haben wir noch nie gegessen. Ich frage mich, ob wir es je nutzen werden. Und es wäre trotzdem schade, es einfach wegzugeben. Vielleicht nutzen wir es eines Tages doch noch mal. Behalten wir es lieber.

SITUATION 5: ZURÜCK VOM ELEKTROLADEN

Da sind wir. Ein 36-Zoll-Fernseher! Dagegen sieht der 24-Zoller richtig klein aus. Bei Fernsehern gilt sicher: Je größer, desto besser. Aber was machen wir jetzt mit dem alten? Eigentlich haben wir keinen Platz dafür. Wir haben schon einen im Schlafzimmer und die Kinder haben ebenfalls einen. Sollen wir ihn loswerden? Aber der Transport macht bestimmt Mühe bei so einem großen

Ding. Und er funktioniert ja noch tadellos. Vielleicht will ihn eines Tages doch noch jemand haben. Lass ihn uns so lange aufheben.

SITUATION 6: BEIM ÖFFNEN EINES PAKETS

Mutter hat uns Miso geschickt. Wunderbar! Und der Karton ist besonders schön. Typisch für sie. Was sie macht, macht sie richtig. Aber was machen wir mit dem Karton? Er ist in gutem Zustand. Vielleicht könnten wir ihn noch gebrauchen, wenn wir eines Tages selbst mal etwas verschicken wollen. Oder wenn wir umziehen ... Richtig gute Kartons für einen Umzug zu bekommen ist immer schwierig. Ich schätze, er wird uns eines Tages noch nützlich sein.

Die „Eines Tages"-Mentalität

Unsere Umfrage hat ergeben, dass es vor allem Bücher, Zeitschriften und Kleider sind, von denen sich die meisten Menschen am schlechtesten trennen können. Verursacht wird das Problem von der „Eines Tages"-Mentalität, die meist auf Dinge angewendet wird, die noch neuwertig sind, und weniger auf offenbar Beschädigtes wie verdorbene Lebensmittel oder kaputte Fernseher.

Die Person in Situation 1 ist mittleren Alters, ihre Figur wird sich nicht ändern, bis sie dann irgendwann ohnehin zu alt ist, um die Kleider einer jungen Frau zu tragen. Und selbst wenn die Mode der 1970er tatsächlich zurückkommt, wirken alte Kleider immer altmodisch und sie wird sie nie tragen.

Die Person in Situation 2 will in den nächsten Jahren vielleicht irgendwann einmal neue Möbel kaufen. Bestimmt wird sie dann jedoch in aktuelle Kataloge schauen wollen und nicht in solche, die sie schon vor Jahren bekommen hat.

Die alten Negative in Situation 3 werden sich weiter ansammeln und niemand wird davon neue Abzüge machen. Das Zaru Soba-Set in Situation 4 wird nie zum Einsatz kommen. Genauso wenig wie der alte Fernseher in Situation 5, den keiner mehr haben will, und wer auch immer ihn entsorgen muss, wird sich dann mit dem Abtransport mühen. Und Kartons wie in Situation 6 sammeln sich besonders gern an und blockieren mit Vorliebe den Stauraum in den oberen Schrankfächern.

Nehmen wir zum Beispiel Kleider. Wir alle haben schon erlebt, dass wir unseren Kleiderschrank aufmachen, etwas Schickes sehen und denken: Ja, das wäre jetzt mal meine Chance, es zu tragen – „eines Tages" ist doch noch gekommen! Aber dann ziehen wir es an und stellen fest, so richtig schick sieht es doch nicht aus. Es gibt immer einen Grund dafür, warum wir ein Kleidungsstück nicht mehr tragen oder warum wir es von Anfang an nicht getragen haben. Leider wir denken wir in dem Punkt jedoch meist nicht zu Ende. Wir sehen bloß, dass es tragbar *aussieht* und behalten es, weil uns alles andere verschwenderisch vorkäme. So häufen sich immer mehr Kleider an.

Letztlich ist die „Eines Tages"-Mentalität also nur eine andere Version der „Verschwendungs"-Mentalität: Man will etwas nicht wegwerfen, weil dies Verschwendung wäre. Lieber gibt man dem Gefühl nach, „eines Tages" täte sich doch noch eine Chance auf, es zu nutzen. Zwar hat man keinerlei Vorstellung davon, wann das sein könnte. Wenn man es genauer wüsste, hätte man einen einleuchtenden Grund dafür, es zu behalten – die vage „Eines Tages"-Ausflucht käme einem dann gar nicht erst in den Sinn.

GEDANKENABWEHR

Am besten lässt sich die „Eines Tages"-Mentalität mit der Einsicht bekämpfen: „Drei Jahre unbenutzt, für immer unbenutzt." Die Dreijahresfrist lässt sich auf so gut wie alle Alltagsgegenstände anwenden – Kleider, Teller, Fernseher, Ventilatoren, Futons, Telefone, alte Zeitschriften, alte Flaschen, leere Schachteln und so weiter. Wenn Sie drei Jahre lang Gelegenheit hatten, sie zu nutzen, es aber nicht getan haben, sollten Sie der Tatsache ins Auge sehen, dass Sie sie in Wahrheit gar nicht brauchen – und zwar am besten möglichst frühzeitig, ehe aus drei Jahren dreißig werden.

Natürlich kann die Dreijahresfrist nicht für alles gelten. Berufliche Besprechungsnotizen oder Fachzeitschriften haben eine kürzere Halbwertzeit, daher sollten Sie die Frist anpassen – auf drei Monate vielleicht oder ein Jahr. Natürlich können für einige Dinge auch längere Fristen notwendig sein. Die Länge der Frist ist aber weniger entscheidend als die Einstellung: Wenn ich es innerhalb dieser Frist nicht benutzt habe, werde ich es niemals nutzen.

(Und selbst auf die Gefahr hin, mich allzu lang über das zuvor erwähnte Mädchen und den Traum vom Prinzen auszulassen, schlage ich vor: Wenn er innerhalb von drei Jahren nicht gekommen ist, sollte sie sich lieber mit jemand anderem zusammentun, ehe sie zu alt wird.)

4 – Praktischer Helfer für den einen – lästiger Schrott für den anderen

Sind auch Sie von „praktischen Helfern" umgeben und führen trotzdem ein ziemlich unpraktisches Leben? Wenn es Ihnen gelingt, den Zauber des Wörtchens „praktisch" zu brechen, werden Sie erleben, wie der illusorische Wert vieler Dinge in sich zusammenfällt.

Hier lauern die Gefahren

„Praktisch" ist das typische Terrain von Geräten, Werkzeugen und Hilfsmitteln aller Art, kann aber auch für andere Dinge gelten, die Sie für den Fall einer eventuell einmal eintretenden Unwägbarkeit angeschafft werden.

Wann sie bevorzugt auftreten

Geräte, Werkzeuge und Hilfsmittel haben ganz bestimmte Funktionen: Scheren schneiden, in Töpfen lässt es sich kochen, mit Schraubenziehern lassen sich Schrauben ein- oder ausdrehen ... Warum würde man sie loswerden wollen, wenn sie so klar vorgegebene Anwendungsgebiete haben? Weil die Gefahr genau dort lauert – in ihrer vermeintlichen Praktikabilität.

SITUATION 1: BEI EINER VORFÜHRUNG IM WARENHAUS EINEN ENTSAFTER KAUFEN

Mein Mann isst immer außerhalb, deshalb bekommt er nicht genug Gemüse. Entsafter haben allerdings einen schlechten Ruf. Nach dem Kauf stünden sie meist nur unbenutzt herum, heißt es. Könnte es sein, dass dieser Entsafter anders ist? Die alten waren immer schwer sauber zu machen und bei diesem hier scheint das ganz einfach zu gehen. Ich verstehe. Man muss nur das hier abmachen? Jedenfalls sieht er gut aus. Gut und praktisch. Ich nehme einen – der Gesundheit meines Mannes zuliebe.

SITUATION 2: EINE FREUNDIN SCHENKT IHNEN EINEN SCHONGARER

Der kocht ganz allein, hervorragend für Eintöpfe. Trotzdem kann ich mir nicht vorstellen, wie ich ihn einsetzen würde. Er spart Gas und ist ganz sicher, das sind natürlich große Vorteile. Meine Freundin hat ihn ein Jahr lang genutzt und gesagt, er sei wirklich praktisch. Sie neigt nicht zu Übertreibungen und wir liegen beim Kochen hinsichtlich unserer Kochkünste ungefähr gleichauf. Wenn sie sagt, er sei praktisch, dann muss er das auch sein. Vielleicht werde ich ihn nutzen, wenn das Baby größer ist und mehr isst. Ich werde ihn erst mal behalten.

SITUATION 3: SIE SEHEN IHRE NACHBARIN MIT EINER GARTENSCHERE MIT LANGEN GRIFFEN

Beim Beschneiden von Zweigen fühle ich mich auf der Trittleiter immer unsicher. Meine Frau will mir auch nicht helfen. Aber die Frau von nebenan hat da ja was Interessantes. Sieht gut aus. Und scheint sehr schnell zu gehen. Ich werde sie mal darauf ansprechen. Eine Gartenschere mit langen Griffen? Auch von Frauen leicht zu benutzen? Sehr praktisch? Ich verstehe. Wir werden das mal ausprobieren. „Wie bitte? Wir haben schon eine? Meine Frau hat sie zur gleichen Zeit gekauft wie Sie? Das wusste ich nicht. Mir hat sie immer gesagt, sie würde an die Zweige nicht rankommen."

SITUATION 4: SOFTWARE, VON DER IHNEN EIN KOLLEGE ERZÄHLT HAT

Ich besitze jetzt seit einem Jahr einen PC und habe das Gefühl, ihn so langsam für die Arbeit einsetzen zu können. Aber ich bekomme immer mehr Dateien und verliere schnell den Überblick, wo sie abgeblieben sind. Schließlich habe ich sehr viele verschiedene Arten von Arbeit zu erledigen. Vielleicht sollte ich die Management-Software verwenden, die mein Kollege für mich installiert hat. Offenbar sortiert sie die Daten automatisch nach Namen und Datum und hat auch eine gute Suchfunktion. Er sagte, für Leute, die ihren PC für die Arbeit verwenden, sei sie wie geschaffen. Er hat mich davon überzeugt, dass ich sie nutzen sollte, aber so richtig sicher bin ich mir nicht. Ob jemand wie ich überhaupt damit umgehen kann? Vielleicht, wenn ich mich mehr an den Computer gewöhnt habe. Und mein Kollege hat bestimmt recht. Er weiß alles über Computer. Ich lasse sie bis auf Weiteres installiert.

SITUATION 5: FERTIGGERICHTE, DIE IHNEN EINE FREUNDIN EMPFOHLEN HAT

Es ist so mühsam, noch zu kochen, wenn man spät nach Hause kommt. Das ist der Nachteil, wenn man alleine wohnt. Ich werde mir einen Vorrat von diesen lange haltbaren Fertiggerichten zulegen, die Yuko mir empfohlen hat. Sie sind so lange haltbar, dass ich sie nicht gleich verbrauchen muss. Und wenn ich hungrig nach Hause komme, brauche ich mir bloß eins aufzuwärmen. Yuko sagt, sie seien wirklich praktisch. Was sagt denn das Etikett? Ja, sie halten wirklich lange. Okay, dann kaufe ich mal zehn.

SITUATION 6: DIE KALTE KOMPRESSE AUS DEM KINDERGARTEN

Ist das nicht die kalte Kompresse, die immer im Fernsehen beworben wird? Meine Tochter hat oft Fieber, da könnte sie doch nützlich sein. Das Kind in der Anzeige mit der Kompresse auf der Stirn scheint friedlich zu schlafen. Dann probiere ich das bei Saya auch mal aus. Ich werde die Erzieherin fragen, welche Marke am besten ist. Sie sagt, sie seien alle gleich. Und es sei auf jeden Fall praktisch, immer eine Packung im Erste-Hilfe-Kasten zu haben. Sie arbeitet ja auch jeden Tag mit Kindern, also werde ich ihren Rat befolgen.

Die „Wirklich praktisch"-Mentalität

Man braucht bloß an den finanziellen Erfolg diverser Schneeballsysteme zu denken, um zu verstehen, wie verlockend alles ist, was als „praktisch" gilt. Aber Sie können auch so sicherlich schon ahnen, wie die oben beschriebenen Situationen ausgehen. Die Software in Situation 4 wird für die neue Anwenderin ein ewiges Geheimnis bleiben und wichtigen Platz auf der Festplatte blockieren. Die Person in Situation 5 wird auch weiterhin außerhalb essen oder sich auf dem Rückweg von der Arbeit etwas Fertiges mitbringen. Mikrowellengerichte gehören nicht zu ihrem Leben und bis sie sich wieder an sie erinnert, werden sie ihr Haltbarkeitsdatum längst überschritten haben …

Die meisten Empfehlungen, die wir im Alltag erhalten, werden natürlich in bester Absicht gegeben – ein Faktor, der die Sache nur noch schlimmer macht. Menschen, die etwas nützlich finden, können sehr überzeugend sein, und wenn sie sagen, „Das wäre genau das Richtige für dich", ist es schwer, etwas dagegenzuhalten.

Lassen Sie es mich in einen etwas größeren Zusammenhang stellen: Offenbar waren in den Jahrzehnten nach dem Krieg alle Japanerinnen und Japaner von der Idee, alles habe „praktisch und bequem" zu sein, völlig hingerissen. Egal, ob Reiskocher, Klebebandschneider oder ständig neue Automodelle – alles lief auf der Vermarktungsschiene „praktisch und bequem". Und die Botschaft war nie ein sanftes, unaufdringliches: „Es ist wirklich praktisch, wollen Sie es nicht einmal ausprobieren?", sondern ein lautes, schrilles: „Es ist WIRKLICH PRAKTISCH, das MÜSSEN Sie UNBEDINGT PROBIEREN!!!"

Wenn man sich die Nachkriegsgeschichte ansieht, überrascht es nicht, dass viele Hausfrauen unter einem „Wirklich praktisch"-Syndrom litten. In der Einführung habe ich die Generation meiner Mutter erwähnt. Sie war dafür besonders anfällig – und das Ganze war ansteckend. A empfahl B etwas, B empfahl es C und immer so weiter. (Ich kann die Dinge in meinem Besitz, die meine Mutter mir als „wirklich praktisch" empfohlen hat, gar nicht mehr zählen!)

Eine andere Gruppe von für das Syndrom besonders anfälligen Menschen sind alle, die am Beginn einer neuen Lebensphase stehen. Ich denke an das „wirklich praktische" Visitenkartenetui, das sie von ihrem Onkel bekommen, wenn sie anfangen zu arbeiten, die Flut an „wirklich praktischen" Geschenken, die sich über sie ergießt, sobald die Kinder kommen, die vielen „wirklich praktischen" Töpfe und Küchenhelfer, die eine Mutter ihrer Tochter mitgibt, wenn sie von zu Hause auszieht. All die Beschenkten geben ihr Bestes, um den „wirklich praktischen" Dingen eine echte Chance zu geben und sie auch wirklich wertzuschätzen, aber es dauert nicht lange, bis sie feststellen, dass vieles davon in Wirklichkeit gar nicht so praktisch ist. Und dass es ihnen vor allem oft genug bloß im Weg steht.

Natürlich gibt es auch manches, das wirklich praktisch ist. Trotzdem gilt die Mahnung: Wählen Sie mit Bedacht.

Gedankenabwehr

Der Schlüssel besteht darin, sich selbst zu kennen.

Sie sind nicht jemand anders. Sie sind Sie selbst. Wenn Sie sich dies klarmachen, wissen Sie auch, dass Sie nichts haben wollen, was Ihnen nicht notwendig erscheint. Wenn nach dem Krieg eine Firma ein neues Produkt entwickelte, versuchte sie stets, erst einmal eine Nachfrage dafür zu schaffen. Sie entwickelte ihre Produkte nicht in Reaktion auf bestehende Bedürfnisse, sondern schuf die Bedürfnisse für das Produkt. Ich möchte hier nicht allzu ausführlich über Marketing sprechen, deshalb nur so viel: Es ist Zeit, dass wir uns vom Einfluss solcher Strategien befreien.

5 – Nichts ist heilig

„Heilig" ist ein Status, den man gewissen Dingen ungeachtet ihrer Nützlichkeit oder ihres Alters verleiht. Mit dem wirklichen Wert hat er oft herzlich wenig zu tun.

Hier lauern die Gefahren

Dokumente, Andenken, Lebensmittel, Bücher und so weiter.

Wann sie bevorzugt auftreten

Die folgenden Situationen zeigen typische Verhaltensmuster von Menschen, die Dinge als „heilig" ansehen.

SITUATION 1: DOKUMENTE

Um Himmels willen! Ich bräuchte dringend eine Sekretärin. Alles gleichzeitig zu machen, das übersteigt meine Fähigkeiten. Ich werde täglich von Kundenfaxen überflutet, bei jeder Besprechung gibt es Stapel von Papieren und zusätzlich muss ich immer noch vergangene Daten und Medienberichte prüfen. Ist ein Projekt vorbei, müssen auch noch sämtliche Papiere „für alle Fälle" aufgehoben werden. Oh, nein! Ich dachte, das könnte alles weg, aber es sind wichtige Papiere. Fast hätte ich sie weggeschmissen. Dabei müssen sie bei der nächsten Besprechung zum Vergleich der Daten erneut ausgeteilt werden.

SITUATION 2: ANDENKEN 1

Sie war so ein süßes Baby. Schau mal dieses niedliche Kleidchen an. Die Kinder wachsen so schnell! Am besten gebe ich es wohl zum Basar. Der Schal hat allerdings so schöne Spitze dran ... Ich glaube, ich behalte es doch lieber. Und dieses Festtagskleid trug sie bei ihrem ersten Besuch im Schrein – ein Geschenk meiner Schwiegermutter, deshalb kann ich es nicht weggeben. Oh! Dies hier hat

Etchan richtig geliebt! Sie hat immer mit dem Finger darauf gezeigt und gesagt: „Bär! Bär!" An den Sachen hängen so viele Erinnerungen!

SITUATION 3: ANDENKEN 2

Das Bücherregal wird zu voll. Ich sollte einige Bücher ausrangieren. Ich habe alle Bücher aus dem Studium aufgehoben, dabei bin ich mir sicher, dass ich sie nicht wieder benutzen werde. Oder könnten sie vielleicht doch noch für die Arbeit am Institut nützlich sein? Lass mich mal schauen. Wow! Das versetzt mich sofort wieder ins Studium zurück. Was ich damals alles unterstrichen habe! Ich habe das sehr ernst genommen und viel gelernt. Oh, was steht denn da? „19 Uhr Michiko, Hachiko-Statue, Shibuya." Haha! Das muss ich wohl beim Telefonieren notiert haben. Michiko! Ob sie wohl inzwischen verheiratet ist? Ach, es macht doch Spaß, in den alten Büchern zu blättern ... Sie sind voller Erinnerungen!

SITUATION 4: LEBENSMITTEL

Der Schinken im Kühlschrank ist schlecht geworden. Schon wieder! Und was ist hiermit? Ist das Fleisch noch okay? Die ganze Milch – haltbar bis ... morgen! Wir müssen besser aufpassen. Hat deine Mutter dir nicht beigebracht, wie man es vermeidet, Lebensmittel zu verschwenden? Denk an all die hungernden Kinder auf der Welt! Und was ist mit den Bauern? O je, ich rede schon wie mein Vater.

SITUATION 5: BÜCHER

Das willst du loswerden? Einfach wegwerfen? Aber das darfst du nicht. Bücher soll man wertschätzen. Ich werde immer wütend auf die Kinder, wenn sie Bücher nicht respektvoll behandeln.

DIE „HEILIG"-MENTALITÄT

Als Erstes möchte ich sagen, dass Sie Papiere von der Arbeit auf keinen Fall automatisch als „heilig" behandeln sollten.

Es mag unfair von mir sein, ein Fachbuch über den Umgang mit Akten zu zitieren, aber ich werde es dennoch tun, weil der Autor die Notwendigkeit, immer wieder Dinge auszurangieren, im Grunde voll anerkennt und trotzdem Papiere von der Arbeit – aber auch nur diese! – zu „Heiligtümern" erklärt.

Ob Kleider, Werkzeuge, Lebensmittel und so weiter noch notwendig sind oder nicht, ist relativ leicht zu entscheiden. Ist etwas zerbrochen oder verdorben, ist die Entscheidung ganz einfach. Im Allgemeinen kann die Notwendigkeit auf der Grundlage der Eigenschaften oder äußeren Erscheinung schnell entschieden werden. Gegenstand dieses Buches sind jedoch hauptsächlich Papiere und in manchen Fällen ist auch darüber ein solches Urteil möglich. Benutzte Papiertaschentücher oder zerrissene Papiertüten sind ganz offensichtlich zu nichts mehr nutze. Diese Entscheidung ist einfach, weil sie keine Informationen tragen. Auch bestimmte Arten von Papieren mit Informationsgehalt lassen sich leicht aussortieren. Zeitungen zum Beispiel: Ist eine Zeitung veraltet, hat sie kaum noch Wert und kann meist weggeworfen werden. Bei Akten und Notizen ist das etwas ganz anderes. Sie könnten auch dann noch wichtig sein, wenn sie alt und zerknickt aussehen. Werden wichtige Akten oder Dokumente aus Versehen weggeworfen, kann es zu ernsthaften Problemen führen.

Yukio Noguchi, Super Organized Method 3: Time Management [taimu manejimoto, jap.], Bunko 2003

Wenn Sie bis hierhin gelesen haben, wird Ihnen klar geworden sein, dass Noguchis Ansichten ziemlich einseitig sind. Wenn es wirklich so einfach zu entscheiden wäre, ob Kleider, Werkzeuge oder Lebensmittel notwendig sind, wären unsere Häuser und Wohnungen nicht so mit Dingen vollgestopft, wie dies meist leider doch der Fall ist. Das Gleiche gilt für den Arbeitsplatz. Das Problem liegt in der Tatsache, dass so viele unnütze Dinge in einem nutzbaren Zustand sind. Jeder, der Dokumente (= Informationen) als heilig ansieht, wird Noguchis Meinung leicht akzeptieren können. Es ist diese Einstellung, die Menschen unfähig macht, den unendlichen Informationsfluss einzudämmen, dem wir heutzutage alle ausgesetzt sind.

Viele Berufstätige sehen in ihrer Arbeit das Allerwichtigste im Leben. Vor Dingen in der häuslichen Umgebung haben sie weniger Respekt, aber alles, was mit der Arbeit zu tun hat, ist ihnen heilig. Solange sie diese Einstellung beibehalten, wird ihr Arbeitsplatz immer unaufgeräumt sein.

Die Kunst des Ausrangierens ist nicht auf bestimmte Arten von Dingen beschränkt – es ist eine allgemeine Haltung zum Leben. Andenken, Lebensmittel und Bücher werden aus verschiedenen Gründen besonders gern als heilig angesehen. Informationen, die man verliert, sind nur schwer wieder zu rekonstruieren. Verliert man Andenken, sind sie für immer verloren. Bücher sind Bücher und Lebensmittel sind Lebensmittel – beide sollten mit Respekt behandelt werden. (Warum dies so ist, werde ich nicht weiter analysieren. Eine solche Einstellung gegenüber Lebensmitteln und Büchern wird weithin als vernünftig akzeptiert. Doch selbst etwas, das vernünftig erscheint, ist manchmal schwer zu begründen.)

Welche Gründe Sie für eine „Heiligsprechung" auch immer haben mögen – denken Sie daran, es sind nur Sie selbst, der der fraglichen Sache diesen Status verliehen hat. Niemand sonst sieht sie als „unberührbar" an. Der wahre Grund, warum Sie sich nicht von ihr lösen können, ist eine gewisse Abhängigkeit davon.

GEDANKENABWEHR

Um damit aufhören zu können, bestimmte Dinge als heilig anzusehen, brauchen Sie sich nur zu vergegenwärtigen: „Wenn ich tot bin, landet es sowieso auf dem Müll."

Ich will Sie nicht kritisieren, wenn Sie meinen, dass bestimmte Dinge aufhebenswert sind. Es wäre so sinnlos, wie einem Gläubigen zu sagen, dass seine Religion Unfug ist. Sie können Papiere abheften, die Sie nie wieder anschauen werden. Sie können sich mit Andenken umgeben und in der Vergangenheit leben. Sie können Bücher stapeln, bis sich die Regalbretter biegen. Sie können auf ewig Lebensmittel erst kurz vor dem Ablaufdatum essen. Und wenn Sie damit glücklich sind, ist das auch völlig in Ordnung.

Aber wenn Sie sterben, wird alles, was Sie angesammelt haben, auf dem Müll landen. Wenn Sie jetzt bei einem Verkehrsunfall ums Leben kämen, würde das Album, dass Sie so sorgfältig zusammen-gestellt haben, weggeworfen werden und Ihre Bücher würden als gemischter Restposten von einem Antiquariat aufgekauft. Wäre es nicht besser, die Sachen selbst auszusortieren und ein aufgeräumtes Leben zu genießen, solange Sie dies noch können?

6 – Alles, was Sie haben, sollten Sie auch nutzen

Vieles bleibt unbenutzt, weil es „für Gäste", „für Festtage" oder für „besondere Gelegenheiten" aufgehoben und geschont wird. Aber finden Sie nicht, dass es Verschwendung ist, etwas zu haben, ohne es zu benutzen?

Wo die Gefahren lauern

Bücher, Zeitschriften, CDs, Geschirr, Kleidung und so weiter.

Wann es geschieht

Wenn Sie einmal damit anfangen, Ihre Dinge in verschiedene Kategorien aufzuteilen, landen Sie oft dabei, Dinge bloß zu haben und nie zu benutzen. Die folgenden Szenarien wird so gut wie jeder kennen:

SITUATION 1: EIN BÜCHERREGAL ANSCHAUEN

Die Bücher von Yasutaka Tsutsui habe ich schon als Schüler geliebt. Die gebundenen sind ausschließlich Erstausgaben. Zusätzlich habe ich auch immer die Taschenbuchausgaben gekauft. Und dann kam auch noch eine Ausgabe seiner sämtlichen Werke heraus, die musste ich natürlich auch haben. Er nimmt das ganze Regal ein. Aber es waren vor allem seine früheren Werke, die mir am besten gefallen haben, einige der jüngeren habe ich gar nicht gelesen. Dieses eine – ich hab's nicht mal aufgeschlagen und werd's wahrscheinlich niemals lesen. Trotzdem behalten. Es gehört mit zu meiner vollständigen Sammlung.

SITUATION 2: BESUCH ZU HAUSE

Mum, ich habe einen Kuchen mitgebracht. Lass uns Tee trinken. Oh – du hast ein neues Teeservice gekauft. Sehr hübsch! Komm, das nehmen wir gleich. Was? Du willst nicht? Das ist nur für Gäste? Welches Geschirr sollen

wir denn dann nehmen? Wie wär's hiermit? Wie, das willst du auch nicht neh-
men? Das ist nur für deine Freundinnen? Okay, dann nehmen wir eben unser
Alltagsgeschirr. Schau mal, diese Tasse hat einen Sprung. Oh, Mum!

SITUATION 3: CDS SORTIEREN

Die CDs bilden bei mir ja schon ganze Türme. Vielleicht könnte ich welche
verkaufen. World Music war ja mal ganz populär. Aber jetzt höre ich sie nicht
mehr. Die könnte ich alle verkaufen. Hier ist noch eine von Queen. Die mochte
ich mal ganz gerne. Die werde ich nicht verkaufen, glaube ich. Und hier, alles
von The Doors! Ich habe alle ihre Alben gekauft, aber gehört habe ich nur diese
beiden. Den Rest könnte ich verkaufen. Aber das wäre auch schade, weil sie ja
zusammengehören. Ich glaube, ich behalte sie doch besser alle.

SITUATION 4: DEN KLEIDERSCHRANK DER TOCHTER INSPIZIEREN

Du gehst heute Abend zu deiner Freundin, richtig? Und was willst du anziehen?
Den roten Pullover mit Schleifen? Nein, das geht nicht! Der ist für besondere
Gelegenheiten. Wie wär's mit dem erdbeerroten? Nein? Lieber den karierten?
Nein, den kannst du auch nicht tragen. Du hattest ihn nur einmal an. Du solltest
ihn weiter schonen und für Neujahr aufheben.

DIE „HABEN, ABER NICHT BENUTZEN"-MENTALITÄT

Wenn wir das, was wir haben, im Hinblick auf den Gebrauch aufteilen, werden wir einiges unweigerlich als „besonders" einstufen – mit
dem Ergebnis, dass es nie wieder angefasst wird: Besondere Schätze
bleiben meist unbenutzt. Schauen wir uns die Neigung an, Dinge
möglichst „vollständig" besitzen zu wollen und manches „nur für
Gäste" zu reservieren.

Der Wunsch, eine Reihe von Dingen „vollständig" besitzen zu wollen, gehört zur Sammlermentalität. Verbunden wird damit ein Gefühl
der Perfektion und der Schönheit. In dem Zusammenhang erzählte

man mir, dass Insektensammler dazu neigen, sich auf eine bestimmte Spezies zu spezialisieren, weil nur wenige sie sammeln und sie die Wahrscheinlichkeit, von jeder Art ein Exemplar ergattern zu können, höher einschätzen. Genauso ist es, wenn es eine Reihe mit fünfzehn Büchern gibt und Sie nur vierzehn davon haben – kaum auszuhalten, das letzte nicht auch noch zu besitzen. Das ist ganz natürlich.

Aber wenn Sie dann tatsächlich alle zusammenbekommen haben, hat das oft keinen großen Vorteil – höchstens den, dass Sie mit Recht sagen können, Sie hätten sie alle. Wenn Ihnen das wichtig ist, treten Sie ein ins Reich der echten Sammler. Sind Sie von dem Gedanken besessen, eine Reihe unbedingt vervollständigen zu müssen, könnte bei Ihnen schon alles verloren sein …

Die „Reihen"-Mentalität kann sich schnell festsetzen, ganz egal, ob es sich um die Werke eines bestimmten Autors oder alte Ausgaben einer Zeitschrift handelt. Am Ende haben Sie die Wahl, das ganze Set zu behalten oder alles zusammen wieder abzustoßen.

Die Vorstellung, dass etwas „im Set" wertvoller ist, kann gefährlich sein. Ein Experte könnte Ihnen sagen, dass Ihre Teller ursprünglich ein fünfteiliges Set bildeten und als solches einen höheren Preis erzielen würden. Wenn Sie dies zu ernst nehmen, geraten Sie in den Bann der „Set-Sucht".

Mit der „Nur für Gäste"-Mentalität ist es ähnlich. Die Tatsache, dass Menschen bestimmte „Sets" für Gäste reservieren, spiegelt die Vorstellung wider, dass „vollständige Sets" etwas Besonderes sind. Gehen von einem Sechser-Service „für Gäste" Tassen kaputt und Sie haben nur noch vier übrig, kann es aber auch sein, dass sie ihren besonderen „Gäste"-Rang wieder verlieren.

Gedankenabwehr

Was Sie haben, sollten Sie auch nutzen. Wenn Sie es nicht nutzen, sollten Sie nicht daran festhalten.

Warum sollte es erstrebenswert sein, vollständige Reihen zu besitzen? Wenn Sie ein bestimmtes Buch lesen möchten, ist dieses eine Buch alles, was Sie dafür brauchen. Warum sollten Sie die ganze Reihe behalten, wenn Sie sie gar nicht lesen wollen? Eine vollständige Reihe kann natürlich im Regal gut aussehen und etwas hermachen. Doch wer außer Ihnen wird Ihr Bücherregal je so genau studieren?

Warum sollten Sie ein besonderes „Gäste"-Service für Ihre Freunde bereithalten? Wenn Sie Tassen haben, die Sie mögen, nutzen Sie sie doch einfach immer. Freuen Sie sich auch im Alltag daran, anstatt die „Guten" für Gäste aufzusparen und die „weniger Guten" im Alltag zu verwenden. So ist es preiswerter und spart außerdem Platz. Und wenn eine Tasse kaputt geht, können Sie sie einfach ersetzen.

Anstatt Sets zu kaufen, legen Sie sich Dinge einfach immer dann zu, wenn Sie sie brauchen. Früher oder später werden sie sich dann auch wie Sets anfühlen. Jedenfalls ist das die sehr viel entspanntere Herangehensweise.

Auch bei Kleidern sollten Sie sich davon freimachen, bestimmte Outfits für besondere Anlässe zu reservieren. Heutzutage wird kein großer Unterschied mehr zwischen Alltags- und Sonntagskleidung gemacht. Es wäre Verschwendung, etwas für besondere Anlässe zu schonen und es dann nur ein- oder zweimal im Jahr oder überhaupt nicht zu tragen.

7 – *Besser lagern und sortieren ist auch keine Lösung*

Frauen neigen dazu, an bestimmte Ordnungsmethoden zu glauben und sie mit Inbrunst zu praktizieren. Männern geht es eher darum, wie sie Akten besser ablegen können. Systematisch Angeordnetes mag gut aussehen und den Anschein von Funktionalität erwecken. Tatsache aber bleibt: Der erste Schritt zum effektiven Lagern und Ordnen besteht im Ausrangieren.

Hier lauern die Gefahren

Es handelt sich um ein Phänomen, das immer zutrifft, wenn sich Sachen ansammeln: in Garderoben, Vorratsschränken, Geschirrschränken, Regalen, Kühlschränken, Bücherregalen, Aktenordnern, Aktenschränken und so weiter.

Wann sie bevorzugt auftreten

In Fernsehsendungen werden „Aufräumexperten" vorgestellt, die stolz ihre Methoden und Techniken präsentieren. Zwar gibt es solche Sendungen nicht mehr so oft wie früher, aber sie sind noch immer sehr beliebt, besonders bei Frauen. Versandhausprospekte wiederum preisen unzählige „praktische Ordnungshelfer" an. Es gibt auch eine ganze Flut von Büchern, die sich mit dem Ordnen von Dokumenten, Büchern und Computerdateien befassen. Sie scheinen vor allem Männer anzusprechen.

SITUATION 1: EINEN KATALOG ANSCHAUEN

Ein fünfzehn Zentimeter schmaler Schrank? Perfekt! Der würde genau in die Lücke zwischen Kühlschrank und Geschirrschrank passen. Ich könnte die Gewürze und Saucen hineinstellen, die jetzt bei der Spüle stehen und momentan ziemlich unordentlich aussehen. Auch ein paar Kochbücher könnte ich da noch unterbringen. Sie wären dort jederzeit greifbar.

SITUATION 2: FERNSEHEN

Aha ... Für den Vorratsschrank nimmt man also am besten Behälter gleicher Größe. Ja, so passen sie alle gut in die Fächer. Und wenn man gleich ein Etikett draufklebt, weiß man immer, was wo drin ist. Das ist einfach. Momentan verschwindet bei mir alles in einer großen Dose, und wenn nichts mehr reinpasst, schiebe ich es in eine Tüte. Aber dann kann es feucht werden. Ich bin wirklich keine tolle Hausfrau. Ich frage mich, wie viele Tupperware-Döschen ich mir zulegen sollte. Ich nehme an, um die zehn würden passen. Ja, ich nehme zehn.

SITUATION 3: EINEN SCHRANK INSPIZIEREN

Diese Behälter sind perfekt. Sie sehen toll aus und die Hersteller scheinen wirklich etwas von Platzproblemen zu verstehen. Sie nutzen die volle Breite und Tiefe des Schrankes aus. Das wirkt sehr ordentlich. Selbst ich habe es geschafft, alles darin zu verstauen. Die Reihe rechts ist voller Handtücher. In der Mitte sind Unterwäsche und Pyjamas. Links Scheren, Klebeband, diese ganzen Sachen. Das ist wunderbar. Es gibt so viel Platz!

SITUATION 4: VOM BUCHLADEN ZURÜCK

O je! Ich habe all diese Bücher gekauft, dabei ist das Regal schon fast voll. Ich muss wohl noch eins besorgen – nur für Taschenbücher. Ich ordne sie nach Verlagen, das ist am einfachsten. Ich glaube nicht, dass ich gebundene Bücher nur nach Autoren sortieren kann. Ich werde sie thematisch aufteilen müssen, so wie die Bibliothek das macht: japanische Literatur, ausländische Literatur, Sozialwissenschaften, Naturwissenschaften, Selbsthilfe und so weiter. Leicht zu finden und leicht zurückzustellen. Bibliotheken haben bestimmt gute Gründe für ihre Unterteilungen. Da kann ich sicher sein, dass es funktioniert.

SITUATION 5: NACH EINER BESPRECHUNG AM SCHREIBTISCH ZURÜCK

Die Papierstapel, die wir bei den Besprechungen bekommen, werden auch immer umfangreicher. Das Problem ist, dass sich heute alles so leicht ausdrucken lässt. Dann räume ich wohl gleich mal etwas davon weg. Es ist ganz egal, wie viele Papiere ich bekomme – mit meinem neuen Ordnungssystem bekomme ich sie alle unter. Mit diesem Index geht das ganz einfach. Schau dir das Regal an. So ordentlich! Strahlt es nicht „Kompetenz" aus? Der gesamte Schreibtisch sieht aus, als würde er jemand anderem gehören.

DIE „ORGANISATIONSSYSTEM"-MENTALITÄT

Die in Frage kommenden Systeme haben zwei potenzielle Tücken:

Erstens können dies immer nur „geborgte" Methoden oder Systeme sein, ersonnen von Experten für Lagerung und Organisation, denen so etwas Freude macht und die von ihrem Temperament her dafür geeignet sind. (Sonst könnten sie solche Systeme wohl auch gar nicht entwickeln.) Mit Sicherheit haben sie aber einen ganz anderen Charakter als Sie. So sehr Sie auch versuchen, ihren Methoden nachzueifern, Sie sind dazu verdammt, früher oder später daran zu scheitern.

Oft hört man Sätze wie: „Ich habe schon alle möglichen Ordnungssysteme ausprobiert, trotzdem gelingt es mir nicht, meine Akten in Ordnung zu halten. Ich bin ein hoffnungsloser Fall." Dabei ist dies in Wirklichkeit nicht nur eine Frage der mangelnden Willenskraft. Oft genug gibt es eine Diskrepanz zwischen „geborgter" Methode und persönlichem Charakter – die betreffende Person kann die Methode nicht anwenden, ohne sich dabei unwohl zu fühlen. Sie geht ihr gegen den Strich.

Und was ist mit den Systemen von Kuratoren und Bibliothekaren? Sie wurden doch für die Allgemeinheit entworfen. Können sie nicht (wie in Situation 4) auch von Privatpersonen erfolgreich angewendet werden?

Der Umgang mit Ihren eigenen Büchern ist etwas ganz anderes als der von Bibliotheken, Museen und anderen großen Institutionen. Wegen ihres großen Inventars haben diese meist stark systematisierte Ordnungssysteme und werden von professionellen Bibliothekaren und Kuratoren geführt. Denken Sie auch an Sekretärinnen – sie alle sind Profis beim Jonglieren mit Dokumenten und Terminen. All dies erfordert besondere Fähigkeiten, die durch intensives Studium und/ oder jahrelange Erfahrung gewonnen wurden.

Die meisten von uns denken jedoch gar nicht groß über diese Fähigkeiten nach. Unsere Ordnungsmethoden folgen oft dem Zufall und keinem System. Denken Sie an Situation 2 (Lebensmittel) und Situation 5 (Dokumente). Es ist leicht vorauszusehen, dass in gar nicht allzu langer Zeit alles wieder so unordentlich sein wird wie vorher. Worauf Sie erwidern könnten: „Und was ist mit Ihrer sogenannten Kunst des Ausrangierens? Ist es da denn wirklich anders?" Ich würde sagen: Ja, es ist grundlegend anders. Alle Ordnungsmethoden starten mit der Grundannahme, dass sie die Lösung aller Probleme sind. Das Ausrangieren von nicht mehr benötigten Dingen gilt als falsch oder kommt darin gar nicht vor. Mein Ziel beim Schreiben dieses Buches ist es, mit dieser Annahme Schluss zu machen, und ich hoffe, auch Sie zum Überdenken Ihrer Einstellungen anregen zu können.

Aber nun genug der Rechtfertigung. Lassen Sie uns die weiteren Tücken von Organisationssystemen besprechen, insbesondere von der Systeme, die wir anwenden, ohne uns klarzumachen, dass wir Dinge ordnen und verstauen, ohne zu hinterfragen, ob es überhaupt nötig ist, sie weiter aufzubewahren.

Diese Tendenz kann vor allem Architekten das Leben schwer machen. Lassen Sie mich wieder einen Spezialisten zitieren:

Fast alle Wohnungen haben eingebaute Schränke und Garderoben. Frauen bestehen im Planungsstadium immer darauf. Ich bin schon gebeten worden, fünf

Schränke einzuplanen, damit am Ende alles ordentlich aussieht. Doch kaum war die Familie eingezogen, waren alle fünf voll und die Wohnung war immer noch unordentlich. Es heißt immer, Tiere würden alle möglichen Sachen horten und dann das Versteck vergessen. Bei den Menschen scheinen es vor allem die Frauen zu sein, die diese Neigung besitzen (Anmerkung der Autorin: männliche Täuschung!). Frauen lieben Schränke und Garderoben, weil sie die Tür schließen können und alles, was sich dahinter befindet, dann nicht mehr zu sehen ist. Wir wissen aus Erfahrung, dass sie glücklich sind, wenn die Pläne viel Stauraum verzeichnen. Aber wir wissen auch, dass selbst der größte Stauraum sich bald füllen wird, weil die Leute immer mehr Sachen kaufen.

Mayumi Miyawaki, Houses for Men and Women House of a man and a woman [Otoko to onna no ie, jap.], 1998

In meinem Beruf lerne ich manchmal Angestellte von Baufirmen kennen. Sie alle sagen, dass Häuser mit viel Stauraum bei den Kunden am beliebtesten sind. In diesen Stauraum kommen Vorrichtungen zum Verstauen, und da hinein kommen – je nach Lagermethode – die verschiedensten Sachen, und mit der Zeit sammeln sich immer mehr davon an. Im Hinblick auf Situation 1 können wir uns bildlich vorstellen, wie alle möglichen kleinen Küchenutensilien in den engen Schrank gestopft werden. Und wir können auch voraussagen, dass in den Schrank in Situation 3 immer mehr Sachen kommen, bis er absolut voll ist.

Und Papiere sind da keine Ausnahme.

GEDANKENABWEHR

Wir müssen lernen, Ordnungssysteme in einem ganz anderen Licht zu sehen. Wir müssen erkennen, dass diese Systeme nur deshalb notwendig sind, weil sich zu viele ungenutzte Sachen angesammelt haben. Reduzieren wir diese Sachen, brauchen wir gar nicht mehr auf solche Systeme zurückzugreifen.

Wie Miyawaki (siehe oben) andeutet, ist der angesammelte Haufen bei vielen dazu verdammt, so lange weiter zu wachsen, bis er den verfügbaren Stauraum füllt. Menschen mit zu vielen Büchern kaufen neue Regale. Diese Regale füllen sich sofort wieder und bald stapeln sich die Bücher auch auf dem Fußboden und auf den Treppen. Wie groß Ihr Schrank auch immer sein mag, er wird sich mit Kleidern füllen. Solange Sie zulassen, dass sich Sachen rund um Sie herum ansammeln, haben Sie keine Chance, die Lage nur mit Ordnungssystemen in den Griff zu bekommen. Keine Sortiermethode kann helfen, wenn es mehr zu verstauen als Stauraum gibt.

An früherer Stelle habe ich Yukio Noguchis Super organized method 3: Time Management [taimu manejiimento, jap.] zitiert. Von dem Buch hieß es, es würde einen radikal neuen Ansatz vertreten, weil Noguchi auch die zeitliche Dimension einbezieht. Gute Ordnung, so argumentiert er, sei nicht nur eine Frage der richtigen Zuordnung. Mir aber scheint sein Ansatz ähnlich zu all den anderen, die ebenfalls noch immer auf der Überzeugung beruhen, dass sich die Dinge ordnen lassen, wenn man dabei nur einer möglichst systematischen Methode folgt. Noguchi bringt auch einen „vorübergehenden Entsorgungspuffer" ins Spiel. Ich habe bereits erklärt, was geschehen würde, wenn man ein solches Zwischenstadium einführt.

Letztlich glaube ich, die größte Gefahr von Ordnungssystemen besteht darin, dass sie dazu verführen, mit Vergnügen Ordnung zu halten. Wenn Ihnen dies inneren Frieden schenkt, ist es ja gut. Wenn Sie aber verhindern wollen, dass sich auch weiterhin immer mehr Sachen bei Ihnen ansammeln, ist es wichtig, aktiv auszurangieren.

Wenn Sie weniger Sachen haben, brauchen Sie kein Ordnungssystem mehr. Wenige Sachen sind ganz natürlich im Zaum zu halten. Selbst wenn sie unordentlich herumliegen, ist man noch auf der sicheren Seite. Ich kann Menschen verstehen, die denken, bei Papieren von der Arbeit sei das etwas anderes. Dies mag vor allem zum Beispiel für Akademiker gelten, die viele Papiere aufbewahren müssen. Aber die Papiermengen, die jemand wie ich hat, lassen sich ziemlich gut verwalten, auch wenn sie einmal durcheinandergeraten.

Ich bin vom Wesen her nicht besonders ordentlich und mein Arbeitszimmer ist nicht sonderlich systematisch aufgeräumt. Aber ich bewahre alle wichtigen Papiere auf, sodass ich das, was ich suche, immer ziemlich schnell finden kann. Ungefähr zu wissen, wo es ist, reicht in der Regel vollkommen aus.

Ehe ich jedoch zum Ende dieses Abschnitts komme, möchte ich noch einen Punkt erwähnen, in dem sich Organisationssysteme als nützlich erweisen können. Lassen Sie mich eine Vertreterin des „einfachen Lebens" zitieren:

Ich habe Bücher und Zeitschriften über Aufräumtechniken und Lagermethoden gelesen. Ich habe ein besonderes Ordnungssystem ausprobiert, von dem es hieß, es würde mich in die Lage versetzen, auszurangieren, ohne etwas wegzuwerfen. Aber ich stellte fest, dass ich im Grund nur Stapel von Sachen hin und her räumte und es am Ende nur geringfügig besser aussah ... Also beschloss ich, alles abzustoßen, was nicht notwendig war ... und dabei 80 Prozent aller Sachen in und auf meinem Schreibtisch verschwinden sollten ... Sachen wegzuwerfen ist schwerer, als man es sich vorstellt. Vor allem kann es Schuldgefühle wecken. Aber man muss gut nachdenken, sich solchen Gefühlen stellen und fortfahren. Am Ende bleiben dann nur die Sachen übrig, die für einen selbst und die eigene Familie wirklich wichtig sind. Und wegen des Schmerzes, den man verspürte, als man alles andere ausrangierte, wird man zögern, ehe man allzu bereitwillig neue Sachen kauft. Und ich glaube, man wird den Wert dessen, sich um wirklich notwendige Dinge gut zu kümmern, richtig schätzen lernen.

Eriko Yamazaki, Welcome to simple save life – Without waste, jap., 2005

Soweit die Botschaft einer Künstlerin, die über ihre Beziehung zu den Dingen in ihrem Besitz nachdenkt. Wenn „geborgte" Ordnungssysteme irgendeinen Zweck erfüllen, dann sicherlich den, uns zu zeigen, dass ihr Einsatz nicht zu einem ordentlicheren Haushalt führt.

Ein letzter Gedanke: Immer wieder treffen wir auf Autorinnen oder Autoren, die für Vorstellungen vom „einfachen Leben" aus England oder anderen Ländern werben. Yamazaki zum Beispiel richtet ihren Lebensstil an einem deutschen Vorbild aus. Ihre Erfahrungen bringen uns dazu, über unser Verhältnis zu Besitztümern nachzudenken. Aber ich glaube nicht, dass man den Lebensstil eines fremden Landes einfach adaptieren kann. Die Tatsache, dass der konsum-orientierte Lebensstil der USA in Japan nicht funktioniert, heißt nicht, dass wir uns anderswo nach einem neuen Vorbild umschauen sollten.

8 – „Vielleicht könnte das weg ...?"

Dies liegt allen sieben bisher beschriebenen Einstellungen zugrunde: Sobald etwas unsere Aufmerksamkeit erregt und wir darüber nachzudenken beginnen, was es ist oder warum es sich an dieser Stelle befindet, fragen Sie sich, ob Sie es nicht vielleicht auch ausrangieren könnten.

HIER LAUERN DIE GEFAHREN

Alles, was man sieht. Alles, was man aufhebt. Vor allem Dinge, die man in der Regel für nicht so wichtig erachtet.

WANN SIE BEVORZUGT AUFTRETEN

Die Idee ist ganz einfach: Betrachten Sie alles unter dem Gesichtspunkt des Ausrangierens. Die folgenden Situationen zeigen das Verhalten von Menschen ohne Wegwerf-Mentalität.

SITUATION 1: EINEN UMSCHLAG AUF DEM TISCH SEHEN

Ich frage mich, was das für ein Umschlag ist. Er ist offen ... Die Einzelabrechnung für die letzte Telefonrechnung. Die Rechnung war diesen Monat höher als erwartet. Vielleicht sollten wir zu einer preiswerteren Gesellschaft wie Tokyo Telephone wechseln. Was haben sie denn sonst noch mitgeschickt? Telechoice? ISDN? Verzeichnis der NTT-Dienste? Vielleicht will meine Frau sich das noch anschauen. Sicher hat sie es hier liegen lassen, deshalb räume ich es lieber nicht weg.

SITUATION 2: EIN STAPEL GLÜCKWUNSCHKARTEN FÄLLT AUS DEM BRIEFSTÄNDER

Die sind ja alle noch vom letzten Jahr. Sind wohl einfach dageblieben. Mm ... Viele der Leute habe ich seit mindestens zehn Jahren nicht mehr gesehen. Und all die Bilder von den Kindern. Die werden meine Laune auch nicht heben. Was für eine Zeitverschwendung. Ich stecke sie wieder zurück in den Halter.

SITUATION 3: EIN GLAS AUS DEM SCHRANK NEHMEN

Welches Glas soll ich nehmen? Ich bin mir ganz sicher, aber dies hier ist für Bier wahrscheinlich am besten geeignet. O je, fast hätte ich das daneben umgestoßen. Das habe ich mal als Werbegeschenk bekommen. Der Name der Brauerei steht drauf, das werde ich bestimmt nicht nehmen. Trotzdem behalte ich es, für alle Fälle.

SITUATION 4: AM COMPUTER ARBEITEN

Nur gut, dass es das Internet gibt. Ich muss nicht bis Kasumigaseki fahren, um die offiziellen Statistiken anzusehen. Ich drucke sie mir einfach aus. Aus irgendeinem Grund ist es viel leichter, sich Zahlen auf dem Papier anzuschauen als am Bildschirm – zumindest, wenn man sie genau studieren will. Gut. So, das war's. Ich werde den Ausdruck abheften. Vielleicht brauche ich die Daten noch mal. Es wäre sehr umständlich, das alles noch mal suchen zu müssen.

SITUATION 5: AUF EINE AM BODEN LIEGENDE ZEITSCHRIFT TRETEN

Warum liegt das hier im Weg? Letzte Nacht wäre ich auch schon fast draufgetreten. Wer hat das da hingelegt? Na ja, außer mir ist niemand hier, also muss ich es wohl selbst gewesen sein. Die Weekly Asahi von letzter Woche. Habe ich die schon ganz durchgelesen? Ich lege sie erst mal auf den Tisch.

Warum wir nicht daran denken, Sachen gleich loszuwerden

Eine Situation zu verändern erfordert Energie. Die einfachste Reaktion besteht immer darin, gar nichts zu tun. Wenn man etwas sieht, wonach man gesucht hat, hebt man es auf und benutzt es. Etwas, wonach man nicht sucht, bemerkt man wahrscheinlich gar nicht, es sei denn, es gäbe einen bestimmten Grund. Manches bemerkt man, weil es an der falschen Stelle liegt – Toilettenpapier im Wohnzimmer, Pyjamas auf dem Esstisch, Ihr Reisepass auf der Waschmaschine. Ob Sie es tatsächlich an den richtigen Platz zurücklegen, hängt davon ab, wie ordentlich Sie sind. Andere Dinge werden Sie bemerken, weil sie schlecht aussehen, überflüssig wirken oder im Weg sind. Dies könnten gute Kandidaten fürs Entsorgen sein.

Das Gleiche gilt für Dinge, die man aufhebt. Manche gehören an einen bestimmten Ort, sodass man sie einfach dorthin zurückbringen kann. Das ist in Ordnung. Doch wenn Sie innehalten und sich einen Moment lang fragen, was Sie damit machen sollen, ist es sehr wahrscheinlich, dass Sie es ebenso gut auch entsorgen könnten.

Alle in den oben beschriebenen Situationen vorkommenden Gegenstände könnten entsorgt werden – die Telefonrechnung mit Anhang, die Glückwunschkarten zum neuen Jahr, das Bierglas mit Firmenaufdruck, der Ausdruck der statistischen Daten, die Zeitschrift. Wenn sie ganz offensichtlich Abfall wären, hätte jemand sie gleich weggeworfen. Doch weil sie irgendeinen Wert zu haben scheinen, vergisst man leicht, dass das Entsorgen eine Option sein könnte.

Gedankenabwehr

Der Moment, in dem Sie etwas bemerken, ist der Moment, es loszuwerden. Wenn Sie den Moment verpassen, kann es sein, dass es noch lange bei Ihnen bleibt.

Dabei fällt mir immer ein, was für eine gute Sitte die Japaner beim Großputz zum Jahresende haben. Ich weiß nicht, wie es in der Vergangenheit war, aber heutzutage ist es ein großes Ereignis und eine gute Gelegenheit, Sachen loszuwerden, die sich übers Jahr angesammelt haben. Familien säubern alles in und außerhalb des Hauses und werfen weg, was sie nicht mehr haben möchten. Die Putzaktion lässt uns alles um uns herum bewusster wahrnehmen und darüber nachdenken, ob es nicht vielleicht einfach weg kann. Die Abfallmengen in den Straßen zu Neujahr lassen erkennen, dass der Gedanke "Vielleicht könnte das weg?" alles andere als extrem ist.

9 – Keine Angst vor später Reue

Vielleicht befürchten Sie, dass Sie etwas ausrangieren, dies aber später bereuen könnten. Dies könnte Sie davon abhalten, überhaupt in Aktion zu treten. Aber: ob Sie es tatsächlich bereuen würden?

Wo die Gefahren lauern

Hier überlappt sich manches mit Dingen, die als „heilig" gelten, vor allem mit Dokumenten, Andenken, Büchern und so weiter, es kann aber auch andere Dinge betreffen.

Wann sie bevorzugt auftreten

Die Angst vor Reue steckt wahrscheinlich hinter der Zögerlichkeit und Unentschlossenheit all der Menschen, die nichts loslassen können. Versuchen wir, uns Situationen vorzustellen, in denen diese Angst wirksam wird.

SITUATION 1: AM SCHREIBTISCH

Das ist doch seltsam. Sie sind nicht da. Wann habe ich das noch mal gemacht? Letztes Jahr? Aber in der Akte von letztem Jahr sind sie auch nicht. Dabei würden uns die alten Unterlagen bei dem jetzt bevorstehenden Projekt sehr hilfreich sein. Was war denn da los? Ach ja, jetzt erinnere ich mich. Ja, als ich damals damit fertig war, dachte ich, ich bräuchte die Papiere nicht mehr, und hab sie weggeschmissen. Was für eine Vergeudung ... Das hätte ich niemals tun dürfen!

SITUATION 2: BEIM DURCHSCHAUEN DES ADRESSBUCHS

Hier steht noch ihre Adresse in Osaka, aber ich bin mir sicher, dass sie nach Kyushu umgezogen ist. Ich erinnere mich, dass ich ihren Brief letztes Jahr beim Großputz zum Jahresende weggeworfen habe. Ich dachte, ich hätte ihre neue

Adresse aufgeschrieben. Ich habe noch eine Karte von ihr zum neuen Jahr be-
kommen, aber die muss ich ebenfalls weggeworfen haben. Wie dumm von mir!
Jetzt kann ich sie gar nicht mehr kontaktieren.

SITUATION 3: BEIM GESPRÄCH MIT IHREM SOHN

Was? So etwas Kompliziertes willst du in der Schule bauen? Na ja, du warst
ja schon immer gut im Konstruieren. Deine Lehrerin im 5. Schuljahr sagte,
sie sei sehr beeindruckt von dir. Dein Godzilla war klasse. Daran erinnere ich
mich. Was? Du willst ihn noch einmal sehen? Ich frage mich, ob wir ihn noch
haben. Ich werde deine Mutter fragen. Oh. Wir haben alles weggeworfen, als
wir umgezogen sind. Das tut mir leid. Das hätten wir nicht …

SITUATION 4: NACH EINEM GESPRÄCH MIT IHREM FREUND

Die Ausgabe ist vergriffen? Oh, das wusste ich nicht. Ich hätte meine Ausgabe
nie verkaufen sollen. Ich habe allerdings nie darin gelesen, und damals hieß
es, ich solle alle Bücher verkaufen, die ich nicht mehr haben wolle. Ich habe
nur einhundert Yen dafür bekommen. Jetzt hätte es vielleicht eintausend ge-
bracht. Na ja, ich will nicht geldgierig sein, aber … Wie auch immer, ein Buch
aufzuheben, das vergriffen ist, kann sich lohnen. Ich sollte nicht immer tun,
was andere Leute sagen.

SITUATION 5: NACH EINEM GESPRÄCH MIT IHREM CHEF

Oh, wie dumm! Ich hätte nicht gedacht, dass es sinnvoll wäre, die Quittung von
letzter Woche aufzuheben. Damals hat mein Chef mir gesagt, dafür dürfe ich
keine Spesen berechnen, deshalb dachte ich, ich müsste eh alles selbst bezahlen.
Jetzt sagt er, es gäbe einen Kassenüberschuss und ich könnte die Quittung doch
noch einreichen. Ich hatte gleich so ein ungutes Gefühl, als ich sie wegwarf. Das
ist so ärgerlich!

SITUATION 6: AN EINEM KALTEN WINTERTAG

Es war richtig kalt heute – so schlimm wie in Hokkaido. Selbst in der Innenstadt ist das Eis nicht geschmolzen. Wie wird's morgen aussehen? Was? Sogar noch kälter? Das muss ein Witz sein! Ich hasse Kälte! Wo ist die gefütterte Jacke, die ich als Student immer anhatte? Ich dachte immer, ich würde sie vielleicht nochmal brauchen, deshalb habe ich sie aufgehoben. „Hey! Wo ist meine alte Winterjacke?" „Die habe ich schon vor Jahren weggeworfen, Liebling, und zwar in Absprache mit dir. Ich habe dich extra gefragt, ob es okay sei, sie wegzuwerfen." Ach, jetzt erinnere ich mich. Ich hatte das damals schon für einen Fehler gehalten. Ich sagte, ich könnte sie bestimmt irgendwann nochmal gebrauchen, aber sie sagte, bis „irgendwann" käme, könnte ich bis in alle Ewigkeit warten. Jetzt ist es doch gekommen – oder etwa nicht?

Die Reue-Mentalität

Wenn Sie etwas Wichtiges, Unersetzbares weggeworfen haben, kann es tatsächlich Probleme geben. Aber was könnte das sein? Fällt Ihnen spontan etwas ein? Ein Ehering zum Beispiel. Oder ein Erbstück von Ihrem Vater, das Sie Ihr Leben lang in Ehren halten wollten. Oder ein Kalender mit wichtigen Familiendaten. Oder Ihre Brieftasche. Und was ist mit Dokumenten? Nach Yukio Noguchi:

> Dokumente und Erinnerungen ... können auch dann noch wichtig sein, wenn sie alt und zerschlissen sind. Wichtige Dokumente aus Versehen wegzuwerfen, kann echte Probleme nach sich ziehen.
>
> Yukio Noguchi, Super organized method 3: Time Management [taimu manejimento, jap.]

Stimmt das? Wahrscheinlich, zumal immer dann, wenn Sie wirklich keinen Ersatz mehr besorgen können. Gingen sie verloren oder würden sie gestohlen, wären Sie tatsächlich in Schwierigkeiten. Und ganz sicher gehören sie nicht zu den Dingen, die Sie absichtlich ausrangieren würden.

Aber was ist mit den Sachen, deren Entsorgung wir erwägen? Würden wir es wirklich eines Tages bereuen, sie losgeworden zu sein? Lassen Sie uns die obigen Situationen im Hinblick auf diese Fragen noch einmal anschauen.

In Situation 1 wurden Unterlagen erstellt und anschließend weggeworfen. Um die gleichen Unterlagen wiederzubeschaffen, müsste man sich die gleiche Arbeit noch einmal machen. Aber es gäbe keine Garantie dafür, dass die Daten tatsächlich noch verfügbar sind. Also fühlt es sich so an, als sei das Wegwerfen der Unterlagen ein Fehler gewesen. In Wirklichkeit jedoch sind alte Unterlagen nur selten von echtem Nutzen. Für Menschen wie mich, die ständig Daten für ihre Arbeit nutzen, haben Monate alte Unterlagen nur selten noch irgendeinen Wert. Das liegt daran, dass sie zu einer ganz bestimmten Zeit und aufgrund einer ganz besonderen Fragestellung zusammengestellt wurden. Die Wahrheit ist, dass Dokumente, die wirklich wichtig sind, höchst selten aus unserem Blickfeld geraten. Dass sich in einem Haufen von Papieren, an die Sie keine klare Erinnerung haben, etwas Nützliches befindet, ist äußerst unwahrscheinlich.

Das Problem mit dem Adressbuch in Situation 2 ist recht leicht zu lösen. Bestimmt gibt es einen gemeinsamen Bekannten, der nach der aktuellen Adresse befragt werden kann. Auch bei der Firma, bei der die alte Freundin arbeitet, könnte man sich nach ihr erkundigen. Es ist nur eine Frage von Zeit und Mühe.

In Situation 3 geht es um die Bastelarbeit eines Kindes, also um etwas, das wegen der damit verbundenen Erinnerungen geschätzt wird. Wahrscheinlich ist es eine Frage der bereits in Abschnitt 5 besprochenen „Heiligkeit". Es tut mir leid, das sagen zu müssen, aber wenn Sie so etwas zu ernst nehmen, müssen Sie wirklich alles aufheben, was Ihr Kind je gebastelt hat. Und würden Sie das wirklich wollen? Erst kürzlich wurden Eltern dafür kritisiert, die gesamten Schulsporttage oder Schulaufführungen ihrer Kinder gefilmt zu haben. Wenn alles gefilmt wurde, was haben die Kinder dann noch? Sind Erinnerungen nicht mehr als eine Filmaufnahme?

Die Person in Situation 4 (mit dem vergriffenen Buch) mag bereuen, was sie getan hat. Aber wenn man ein Buch nicht lesen mag und es nicht furchtbar wertvoll ist, erscheint es mir tatsächlich am besten, es zu verkaufen. Und die Person in Situation 5 mag die finanziellen Einbußen durch die fehlende Quittung beklagen –– das Ende der Welt bedeutet dies jedoch nicht.

In Situation 6 ist es bedauernswert, dass der Mann eine alte Jacke tragen will, die – mit seinem Einverständnis! – längst entsorgt worden ist, aber er hatte seiner Frau ja tatsächlich und nachweislich nicht widersprochen, als sie vorschlug, die Jacke wegzugeben. Und es kann sehr gut sein, dass er sie nie wieder getragen hätte. Die Frage ist ganz einfach, ob es die Sache wert gewesen wäre, dass die Jacke die ganze Zeit über den Platz im Schrank eingenommen hätte – nur für diese eine Gelegenheit.

ERFOLGREICHE GEGENWEHR

Wenn etwas für die Entsorgung infrage kommt, haben Sie wirklich selten ein echtes Problem, wenn Sie es tatsächlich entsorgen. Wenn es wirklich Probleme bereiten würde, würden Sie es nicht erwägen. Denken Sie an Beispiele aus Ihrem eigenen Leben.

Und machen Sie sich nicht zu viele Sorgen über eine eventuell auftretende spätere Reue. Natürlich gibt es immer ein bestimmtes Maß an Ungewissheit, wenn man eine (wie auch immer geartete) Entscheidung trifft. Aber ich glaube, wenn Sie erst einmal damit anfangen, Dinge abzustoßen, werden Sie erstaunt sein, wie wenig Reue Sie darüber tatsächlich verspüren werden.

10 – Perfekt gibt's nicht

Mein letzter Appell lautet, das Ganze leichter zu nehmen. In den zurückliegenden neun Abschnitten habe ich eine Art Ideal vorgestellt. Wenn Sie allen meinen Empfehlungen folgen, werden Sie sicher in der Lage sein, einiges loszuwerden. Doch selbst ich kann nicht behaupten, mich ständig an all diese Ratschläge zu halten. Greifen Sie sich nur die Punkte heraus, die sich für Sie richtig anfühlen, und wenden Sie sie an, soweit Ihnen dies vernünftig erscheint.

Wo die Gefahren lauern

Alles, worüber Sie sich regelmäßig Sorgen machen, kann dazu führen, dass Sie unrealistisch viele Veränderungen auf einmal erzwingen wollen.

Wann sie bevorzugt auftreten?

Wenn Sie sich plötzlich für eine neue Idee oder Möglichkeit der Veränderung begeistern, kann es leicht passieren, dass Sie zu viel auf einmal wollen.

SITUATION 1: EINEN ARTIKEL ÜBER DIE GESTALTUNG EINES ARBEITSZIMMERS LESEN

Perfekt – ein ideales Arbeitszimmer! Das Zimmer eines echten Mannes! Wenn ich doch bloß auch so ein Zimmer hätte. Dann könnte ich es auch genießen, zu Hause zu arbeiten. Aber mit einem Haus, das so klein ist wie unseres, ist das einfach nicht möglich. Oder warum haben die Kinder alle ein eigenes Zimmer, während mir für meine Arbeit nur diese kleine Ecke im Schlafzimmer zur Verfügung steht? Ein paar Bücher und Papierstapel rund um einen Schreibtisch. Da bringt auch die beste Gestaltung nichts. Wenn unser Haus nur größer wäre … Ah, na ja … So ist es nun mal, mehr Platz haben wir nicht.

SITUATION 2: EINE MUTTER BESUCHT IHRE TOCHTER

Ach, meine Liebe! Warum bist du nur so unordentlich? Bei deiner Schwester ist alles picobello und von mir heißt es auch immer, dass ich eine Meisterin im Aufräumen bin. Tja, aus meiner Familie ist niemand so wie du. Jedes Mal, wenn ich herkomme, liegen Sachen auf dem Boden herum. Ist das denn notwendig? Solltest du nicht ein bisschen aufräumen? Sei nicht böse! Okay, ich rühre nichts an. Ich will bestimmt nicht wieder schuld sein, wenn du etwas nicht wiederfindest. Okay, okay, ich gehe schon. Entschuldigen Sie vielmals, Euer Gnaden! Ich bin wohl aus der Rolle gefallen ...

SITUATION 3: AUF DEM WEG VON DER ARBEIT NACH HAUSE

Das Büro, das wir heute gesehen haben, ist so großzügig. Alle hatten große Schreibtische und ihren eigenen Computer. Es sah aus wie in einer Fernsehserie. Bei so großen Schreibtischen kann jeder seine Unterlagen so wegpacken, dass alles ordentlich aussieht. Und bei uns? Nur ein Rollschrank für zwei Kollegen. Aargh! Der Stapel vom Nachbarschreibtisch ist auch noch auf meinen gekippt. Mein Nachbar ist so ein Chaot! Aber ich sollte ihn nicht kritisieren. Ich bin ja selbst von hohen Papiermauern umgeben. Ich finde gerade mal genug Platz, um meine Arbeit zu erledigen. Wenn sie uns doch bloß größere Tische geben würden ... Bei diesen kleinen Dingern hat es gar keinen Zweck zu versuchen, Ordnung zu halten.

SITUATION 4: EIN BLICK IN DEN GESCHIRRSCHRANK

Lauter unbenutztes Zeug ... Ich glaube, ich sollte hier mal ein bisschen ausmisten. „Sobald du etwas siehst, das unnötig ist, sortier es aus" – heißt es nicht so? Mm ... Okay. Dann mach ich das jetzt ... Mm ... Von diesen Tellern habe ich nur noch einen. Wie schade – ich wollte immer gut auf sie achtgeben. Aber diesen einen zu behalten hat nun auch keinen Zweck mehr. Und was ist mit der Schüssel? Die haben wir früher oft für Snacks zum Bier benutzt – haben ein bisschen Fisch reingelegt, dann kann sie sehr hübsch aussehen. Aber heutzutage trinken wir gar kein Bier mehr, seitdem ist sie unbenutzt. Ich glaube, ich werde sie wegwerfen.

Oje ... Ich bin schon seit zwei Stunden dabei und habe erst eine Schrankseite geschafft. Das reicht mir jetzt. Ich bin erschöpft. Den Rest nehme ich mir ein anderes Mal vor. Das kostet ja so viel Energie!

DIE „PERFEKT"-MENTALITÄT

Als ich über Ordnungssysteme sprach, erwähnte ich die Gefahr, die Ansätze anderer Menschen bloß „auszuborgen". Jeder lebt auf eine Weise, die für ihn angemessen ist. Ohne es uns bewusst zu machen, wählen wir immer die Methode, die uns am wenigsten Mühe macht. Die Werte anderer Menschen mögen uns einleuchten, trotzdem wird es uns nicht leichtfallen, es genauso zu machen, wie sie es vorgeben – und wenn wir uns allzu sehr darauf versteifen, sind wir erst recht zum Scheitern verdammt.

In Situation 2 scheint die Tochter auf ihre Weise Ordnung in ihre Sachen zu bringen und dabei deutlich mehr Durcheinander zu tolerieren als die Mutter. Der Mutter behagt diese mangelnde Übersichtlichkeit nicht. Sie will, dass ihre Tochter ihr Haus so führt, wie sie es für richtig hält. Die Tochter stimmt zu, dass man alles „richtig" machen soll. Aber für sie ist eine lockere Haltung ganz natürlich. Was das Ausrangieren unnötiger Dinge betrifft, tut sie, was ihre Mutter sagt. Aber die Mutter ist auf Perfektion aus. Folglich wird die Tochter wütend und sie geraten in Streit.

Was die unter 1) beschriebene Situation betrifft, kann jeder, der in der Lage ist, einen Arbeitsplatz ordentlich zu halten, dies auch in der kleinsten Ecke schaffen. Dass der besagte Mann dies zu Hause nicht hinbekommt, liegt nicht am Platzmangel, sondern daran, dass er es dort schlichtweg nicht gemacht hat.

Das Gleiche trifft auch auf die Person in Situation 3 und die Papierstapel rund um ihren Schreibtisch zu. Anstatt der in dem anderen Büro gesehenen großzügigeren Platzgestaltung nachzutrauern, sollte sie schauen, was an ihrem Platz möglich ist und die Anzahl ihrer Papiere halbieren. Nach meiner Erfahrung kann die Kluft zwischen der

Realität und der Vorstellung von Perfektion so groß werden, dass die Betroffenen entmutigt die Hände in die Luft werfen, sich gar nicht mehr anstrengen, ordentlich zu sein, und den Dingen erlauben, sich unkontrolliert um sie herum anzusammeln.

Auch das Aussortieren des Geschirrs in Situation 4 wäre gar nicht so schlimm, wenn es quasi alltäglich nebenbei geschehen würde. Sie machen Ihren Geschirrschrank ja ohnehin jeden Tag auf. Wenn Sie also etwas Unnötiges sehen, schmeißen Sie es gleich raus. Erst wenn Sie versuchen, in einem großen Arbeitsgang alles perfekt zu machen, wird es anstrengend.

Gedankliche Gegenwehr

Die Tochter, die mit einer etwas lockereren Ordnung glücklich ist, kann nicht die Mutter sein, die eine feste Ordnung will. Jemand, dessen Arbeitsplatz aus einer Zimmerecke besteht, ist nun einmal kein Herrscher über ein riesiges Arbeitszimmer.

Darüber nachzudenken, was man ausrangieren kann und wie man sich zu den Dingen stellt, die man besitzt, ist, wie ich schon sagte, ein Teil dessen, wirklich darüber nachzudenken, wie man sein Leben gestalten will.

Ein guter Lebensstil muss dem Menschen erlauben, er selbst zu sein. Das Unmögliche zu versuchen, hat keinen Sinn. Was sich nicht ganz einfach machen lässt, hat keine Chance auf Verwirklichung. Jemand, der eine unrealistische Diät macht, wird am Ende scheitern und jede Wirkung der Diät wieder zunichtemachen. Ihr Abnehmplan muss zu Ihnen passen. Geben Sie gesüßte Getränke auf, aber essen Sie weiter Schokolade; begrenzen Sie die Essensmenge nicht, aber gehen Sie zu Fuß zum Bahnhof. Mit anderen Worten: Streben Sie nicht nach Perfektion. Ein Plan, der zu Ihnen passt, mag etwas mehr Zeit in Anspruch nehmen, mit sehr viel größerer Wahrscheinlichkeit aber auch funktionieren.

Begreifen Sie das Ausrangieren überflüssiger Dinge als Ihre „Kram-Diät".

TEIL 2

ZEIT ZUM AUSMISTEN

Zehn Strategien, die es leichter machen,
Dinge loszulassen

1 – Nicht noch mal durchschauen – weg damit!

Denken Sie nicht: Ich schaue die Sachen noch einmal durch und entscheide mich dann. Werfen Sie sie gleich weg!

Worauf das zutrifft

- Postwurfsendungen, Flyer, Werbeblätter
- Broschüren/Kataloge
- Unterlagen, die schon längere Zeit irgendwo verstaut waren
- Bücher/Zeitschriften
- Briefe/Postkarten
- DVDs
- In Boxen aufbewahrte Kleider/Haushaltsartikel und so weiter

Bewährte Variationen der Grundstrategie

1. GLEICH BEI ERHALT ENTSORGEN

- **Postwurfsendungen, Flyer, Werbeblätter**
  Schmeißen Sie diese Sachen weg, sobald Sie sie aus dem Briefkasten ziehen oder sie in der Zeitung finden.
  Oft denkt man, selbst offenkundig unnütze Werbeblättchen könnten noch ein paar wichtige Informationen enthalten. Schauen Sie gar nicht erst genauer hin. Werfen Sie sie einfach weg. Behalten Sie nur Werbeprospekte, die Ihnen aus einem bestimmten Grund nützlich sein könnten, weil sie zum Beispiel Informationen über Angebote in Ihrem Supermarkt oder Sonderrabatte Ihrer Lieblingsfirmen an Stammkunden enthalten. Alles andere sollten Sie auf direktem Weg entsorgen.

- **Broschüren/Kataloge**
  Bei allem, was Sie absichtlich haben kommen lassen, ist das
  anders; aber alles, was Sie in einem Geschäft bekommen oder in
  Ihrem Briefkasten gefunden haben, sollten Sie sofort entsorgen.
  Wenn die Broschüren oder Kataloge gut gemacht sind, könnten Sie versucht sein, sie erst einmal durchzublättern. Tun Sie's
  nicht. Sie haben sie ursprünglich nicht gewollt, also werfen Sie
  sie sofort weg. Lassen Sie sich auch von attraktiven Blickfängen
  nicht hinters Licht führen. Schätzen Sie sich glücklich, dass Sie so
  nicht in Versuchung geraten können, etwas Unnötiges zu kaufen.

2. NACH EINER GEWISSEN ZEIT ENTSORGEN (SIEHE AUCH
   STRATEGIE 4 AUF SEITE 100)

- **Unterlagen, die schon längere Zeit irgendwo verstaut waren**
  Können solche Unterlagen denn wirklich wichtig sein? Beginnen
  Sie gar nicht erst, darüber nachzudenken, ob sie etwas Wichtiges
  enthalten könnten – werfen Sie sie weg, ohne noch ein weiteres
  Mal hinzuschauen. Der Grund dafür, warum Sie sie seit länge-
  rer Zeit nicht angefasst haben, ist der, dass sie nichts Nützliches
  enthalten.

- **Bücher/Zeitschriften**
  Sie haben sie gekauft, darin gelesen und sie zur Seite gelegt.
  Vielleicht haben Sie gedacht, Sie würden später noch einmal
  hineinschauen; doch die Tatsache, dass Sie es nicht getan haben, zeigt, dass sie Sie nicht wirklich interessierten.
  Betrachten Sie eine Reihe ungelesener Bücher nicht als „heilig". Nehmen Sie sie aus dem Regal und rangieren Sie sie aus.
  Schauen Sie sie nicht erst noch mal an. Wenn Sie eine Zeitschrift
  herumliegen sehen, denken Sie nicht: Oh, die könnte ich ja
  noch mal durchblättern. Sie werden es doch nicht tun.

- **Briefe/Postkarten**

  Die Absender haben sich die Mühe gemacht, persönliche Briefe und Postkarten zu schreiben, die Empfänger betrachten sie deshalb oft als „heilig". Viele Menschen lesen auch gern alte Briefe, weil sie alte Erinnerungen wecken. Das macht es schwer, sich von ihnen zu trennen.

  Wenn Sie aber keinen wirklich zwingenden Grund dafür haben, einen Brief zu behalten, und wenn die damit verbundenen Erinnerungen gar nicht so wichtig sind – fühlen Sie sich nicht verpflichtet, daran festzuhalten. Lassen Sie sich auch nicht davon abbringen, sie wegzuwerfen, weil sie von jemandem stammen, der Ihnen wichtig ist, oder weil Sie die Adresse nicht notiert haben. Wenn Sie zögern, werden sich die Stapel nur immer weiter häufen. Und Sie brauchen auch keine Sammlung von Postkarten aufzuheben, nur weil auf einer eine Telefonnummer stehen könnte, die Sie noch nicht notiert haben.

  Geben Sie sie nicht in einen Karton oder einen Briefhalter, sondern schmeißen Sie sie allesamt raus. Dass Sie es bereuen werden, ist äußerst unwahrscheinlich.

- **In Boxen aufbewahrte Kleider/Haushaltsartikel und so weiter**

  Vielleicht haben Sie die Haushaltsartikel in Kartons verpackt, als Sie das letzte Mal umgezogen sind, und die stehen jetzt schon seit drei Jahren gestapelt und ungeöffnet bei Ihnen herum. Vielleicht haben Sie die Kleider vor zehn Jahren in einen alten Koffer getan, weil Sie dachten, Sie würden sie irgendwann noch einmal tragen. Beide, Kleider und Haushaltsartikel, sind ganz offensichtlich unnötig. Kartons und Koffer wurden zu „Blackboxes" – Sie haben keinen Schimmer, was drin ist. Schauen Sie nicht noch einmal prüfend hinein – tun Sie sie gleich in Bausch und Bogen weg.

WARUM DIESE STRATEGIE FUNKTIONIERT

Der Schlüssel liegt ganz einfach darin, Sachen nicht noch mal durchzuschauen. Es ist natürlich, dass man erst prüfen will, ob etwas nicht doch notwendig ist, ehe man es entsorgt. Aber das dauert lange, und in der Zwischenzeit stauen sich andere Sachen an. Es ist eine Aufgabe, die Einsatz und Energie erfordert – zu entscheiden, ob Dinge weggeworfen sollen oder nicht, kann anstrengend und ermüdend sein. Ersparen Sie sich für all die oben aufgezählten Dinge diese Umstände. Entsorgen Sie sie einfach. Dann ist alles in einer Sekunde vorbei. Wo Ihnen vorher lange so vieles im Weg stand, ist jetzt Luft zum Atmen. Das tut gut.

2 – Am besten gleich entsorgen

Wenn Sie etwas als Schrott erkannt haben, erliegen Sie nicht der Versuchung, die Vollstreckung Ihres Urteils noch länger auszusetzen. Ausflüchte wie „eines Tages", „vorübergehend" oder „erst einmal" und Ähnliches sollten Ihnen nicht von den Lippen kommen. Sie haben es in der Hand. Sorgen Sie jetzt dafür, dass Sie endlich alles loswerden. Sind die Sachen in einem Karton oder etwas Ähnlichem verstaut, öffnen Sie diesen kurz. Wenn Sie ihn nicht öffnen, können Sie nicht wirklich entscheiden. Und alles einfach im Karton zu lassen, wäre das Gefährlichste, was Sie tun könnten – es wird für immer dableiben.

WORAUF DAS ZUTRIFFT

· Postwurfsendungen
· Rechnungen/Kontoauszüge
· Werbegeschenke (Pröbchen, Kalender oder Ähnliches)
· Fotos (Abzüge und Negative)
· Besteck und Gewürze von Fluglinien oder Schnellrestaurants
· Souvenirs, Geschenke, jahreszeitlicher Schnickschnack
· Angeschlagenes Geschirr, nicht mehr schreibende Stifte, stumpfe Scheren oder nicht mehr gängige Schraubenzieher
· Elektrische Geräte, Möbel, Töpfe, Werkzeug und so weiter, für die Sie längst Ersatz besorgt haben
· Verpackungsmaterial
· Kassenzettel
· Arbeitspapiere
· Zeitschriften
· Reste
· Abgelaufene oder fast abgelaufene Lebensmittel
· Sachen im Kühlschrank

Bewährte Variationen der Grundstrategie

1. GLEICH BEIM ÖFFNEN ENTSORGEN

- **Postwurfsendungen**
  Kommen sie von Ihrer Lieblingsmarke oder Ihrem Lieblings-
  händler, werden Sie sie sich wahrscheinlich erst einmal anschauen wollen. Es kann aber gut sein, dass Ihnen gefällt, was Sie
  sehen. Sie denken: Wow! Das hätte ich gern! Und Sie entscheiden
  sich, den Umschlag vorerst zu behalten ...
  Stopp! Geben Sie das Ganze an Ort und Stelle ins Altpapier. Es
  ist ja schön zu träumen. Tatsache aber ist, dass Sie das Produkt
  aller Voraussicht nach doch nicht kaufen werden.
  Öffnen Sie also nur den Umschlag und schauen Sie kurz hinein.
  Und wenn Sie dann nicht gleich eine ganz brandwichtige Infor-
  mation darin entdecken, werfen Sie sie sofort weg, ohne auch
  nur ein zweites Mal darüber nachzudenken.

- **Rechnungen/Kontoauszüge**
  Umschläge mit Rechnungen für Telefone oder Kreditkarten enthalten immer auch noch andere Zettel mit Werbung für dieses
  oder jenes. Öffnen Sie die Sendungen, nehmen Sie heraus, was
  wirklich wichtig ist, und geben Sie den Rest sofort ins Altpapier.
  Prüfen Sie auch gleich die aufgeführten Überweisungen oder An-
  rufe. Schieben Sie die Abrechnung nicht in den Umschlag zurück,
  sonst werden Sie sich später noch einmal um die Überprüfung
  kümmern müssen.
  Wenn Sie Sicherheitsbedenken haben, zerreißen Sie die Papiere
  in kleine Stücke und verteilen Sie diese auf verschiedene Papierkörbe – oder Sie setzen einen Schredder ein.

- **Werbegeschenke (Pröbchen, Kalender und Ähnliches)**
Etwas kostenlos zu bekommen, fühlt sich immer großartig an.
Wenn es Ihnen wirklich gefällt, behalten Sie es. Wenn es Ihnen
aber bloß darum geht, es „erst einmal eine Weile" zu behalten,
tun Sie es lieber gleich weg. Wichtig ist jedoch, dass Sie es zuerst
aus der Schachtel oder Tüte nehmen. Wer etwas ohne Prüfung
des Inhalts in der Verpackung entsorgt, folgt nicht der Maxime
„Beim Öffnen entsorgen".
Wenn Sie es nicht wegwerfen möchten, können Sie Geschenke
natürlich immer auch an jemand anderen weitergeben: an ein
Kind in Ihrem Bekanntenkreis, an eine besonders nette Verkäu-
ferin, an einen Nachbarn oder an jemanden bei Ihrer Arbeit.

- **Fotos (Abzüge und Negative)**
Sie haben Fotos entwickeln lassen. Einige haben eine eher
schlechte Qualität, andere sind okay, aber selbst für die abge-
bildeten Personen nicht von besonderem Interesse. Werfen Sie
sie gleich in Bausch und Bogen in den nächsten Papierkorb. Beim
Öffnen der Päckchen werden Sie sie am sorgfältigsten durch-
sehen – deshalb ist dies die beste Zeit, um zu entscheiden, die
nicht so gelungenen Fotos wegzuwerfen. Und wenn Sie keine
weiteren Abzüge machen werden, werfen Sie auch gleich die
Negative hinterher. Später wird nur noch schwer zu ermitteln
sein, was darauf zu sehen ist, und sie werden in irgendwelchen
Aufbewahrungsboxen enden, auch wenn sie für niemanden
mehr nützlich sind.

- **Besteck und Gewürze von Fluglinien oder Schnellrestaurants**
Manche Menschen heben so etwas auf, um es später tatsächlich
noch einmal zu nutzen, die meisten stecken es jedoch nur in
irgendeine Schublade, um es gleich darauf wieder zu vergessen.
Sollte dies auch für Sie gelten, sind Sie gut beraten, es gleich
auszurangieren, sobald Sie die Schachtel öffnen.

2. WEGWERFEN, SOBALD DIE SACHEN IHREN ZWECK ERFÜLLT HABEN

- **Souvenirs, Geschenke, jahreszeitlicher Schnickschnack**
An Geschenken ist das Wichtigste oft der Akt des Schenkens. Sobald sie überreicht und entgegengenommen wurden, könnte man sagen, ihr Zweck sei erfüllt. Trotzdem will man ein Geschenk nicht entsorgen, wenn der oder die Schenkende noch zugegen ist, und verschiebt dies lieber auf später ...
Schenkt man Ihnen etwas, das Sie tragen, an die Wand hängen oder sonstwie nutzen wollen, behalten Sie es. Wertvolle Geschenke wie Uhren oder Schmuck lassen sich auch verkaufen.

- **Angeschlagenes Geschirr, nicht mehr schreibende Stifte, stumpfe Scheren oder nicht mehr gängige Schraubenzieher**
Alles, was zwar angeknackst, aber gerade noch genutzt werden kann, ist schwer auszurangieren. Eines Tages werden Sie es ersetzen, sich bis dahin aber noch damit zufriedengeben. Doch ist es wirklich verschwenderischer, etwas gleich zu ersetzen, als sich noch ewig damit herumzuquälen?
Wenn ein Teller gesprungen ist, ein Stift nicht mehr schreibt oder ein Schraubenzieher nicht mehr greift, kann das ganz schön Nerven kosten. (Schlimmer wird es noch, wenn Sie an etwas festhalten, nachdem Sie schon Ersatz besorgt haben, siehe unten.)

- **Elektrische Geräte, Möbel, Töpfe, Werkzeuge und so weiter, für die Sie längst Ersatz besorgt haben**
Wenn Sie etwas ersetzen, weil es kaputt gegangen ist, werden Sie wahrscheinlich nicht zögern, es wegzuwerfen. Aber manchmal kaufen Sie vielleicht auch etwas Neues, weil Ihnen das Design gefällt oder weil es besser funktioniert. In solchen Fällen kann das Alte noch nutzbar sein und Sie behalten es vielleicht

„fürs Erste" oder weil es „vielleicht noch mal nützlich werden kann". Die Wahrheit ist jedoch, dass es vor allem Platz wegnehmen wird. Es kann auch sein, dass Sie es behalten, weil es Geld kosten würde, es zu entsorgen. Aber früher oder später müssen Sie es loswerden und Sie werden sich besser fühlen, wenn Sie dies möglichst bald tun.

Wenn Sie vorhaben, etwas abzustoßen, sollten Sie es nicht außer Sichtweite bringen. Sie könnten es sonst vergessen. Gerade wenn es groß und Ihnen nur im Weg ist, sollten Sie es an eine Stelle tun, an der Sie es noch sehen können. Dann werden Sie nicht vergessen, es fortzuschaffen.

- **Verpackungsmaterial**
  Erstaunlich, wie sehr viele Menschen an Kartons festhalten. Den Umkarton eines Computers zum Beispiel behalten sie, weil er beim nächsten Umzug praktisch sein könnte. Die Verpackung eines Postpakets bewahren sie auf, um demnächst selbst etwas darin zu verschicken. Und auch schöne Schachteln von Produkten einer Luxusmarke sammeln sie, weil man sie in Zukunft vielleicht noch effektvoll einsetzen könnte.
  Aber eine Schachtel, die dafür gedacht war, ein Produkt zu verpacken, verliert ihre Funktion, sobald man das Produkt herausgenommen hat. Wenn Sie beim nächsten Umzug wirklich noch einen Karton brauchen, können Sie sich auch dann noch einen besorgen. Und schöne Schachteln besonderer Marken aufzuheben, ist absurd. Eine hübsche Schachtel voller Luft nimmt im Schrank bloß Platz weg.
  Schmeißen Sie sie weg.

- **Kassenzettel**
  Manche Menschen behalten für alle Ausgaben die Belege. Für alle anderen sind sie nichts weiter als lästige Zettel, die ihnen im Laden in die Hand gedrückt werden. Gehören Sie

zu Letzteren, stecken Sie Ihre Quittungen gar nicht erst in Ihr Portemonnaie oder Ihre Jackentasche, sondern werfen Sie sie sofort weg. In manchen Supermärkten stehen praktischerweise neben den Packtischen gleich Papierkörbe bereit. Viele haben auch Abfallkörbe, in denen man die Kassenzettel entsorgen kann. Wenn Sie ein Café verlassen, behalten Sie die Quittung in der Hand und werfen Sie sie draußen in einen Papierkorb. Bewahren Sie Quittungen wirklich nur von hochpreisigen Waren auf, die Sie vielleicht zurückgeben müssen, und sortieren Sie auch diese in regelmäßigen Abständen durch, um alles Überflüssige abzustoßen.

- **Papiere für die Arbeit**
Sobald Sie bei der Arbeit mit einem Projekt fertig sind, entscheiden Sie, was mit den damit verbundenen Papieren geschehen soll. Behalten Sie sie nicht „fürs Erste". Wenn Sie sich bei dem Gedanken ertappen, sie könnten „eines Tages" noch einmal wichtig werden, lesen Sie noch einmal Teil 1, Einstellung 3 („Eines Tages kommt nie") und 5 („Nichts ist heilig").

- **Zeitschriften**
Eine Zeitschrift, die man abonniert hat, nach dem Lesen einfach wegzuwerfen, fällt vielen erstaunlich schwer. Doch solange Sie nicht mit ziemlicher Sicherheit davon ausgehen können, dass jemand anders sie noch lesen wird, spricht viel dafür, sie auf der Stelle zu entsorgen. Gibt es einen Artikel, den Sie aufheben möchten, schneiden Sie ihn gleich nach dem Lesen aus. Dann brauchen Sie später nicht mehr danach zu suchen. Wenn Sie es verschieben, haben Sie im entscheidenden Augenblick wahrscheinlich längst vergessen, was Sie ausschneiden wollten. Sorgen Sie dafür, dass Sie Ihre Zeitschriften loswerden, ehe sich daraus eine Sammlung entwickeln kann.

3. ES SIND LEBENSMITTEL, TROTZDEM SOLLTEN SIE WEG

- **Reste**

  Auch auf die Gefahr hin, dass Sie mich tadeln werden, möchte ich dafür plädieren, dass Lebensmittelreste auch ruhig einmal weggeworfen werden dürfen. Wie viele Male haben Sie Reste eingewickelt und in den Kühlschrank gelegt, nur um später zuzusehen, wie sie langsam schlecht wurden? Oder haben Lebensmittel aufgehoben, bis sie vertrocknet und verschrumpelt waren.

  Wenn von einer Mahlzeit Reste übrig bleiben, entscheiden Sie bewusst, was Sie damit tun möchten. Stellen Sie sie nicht automatisch in den Kühlschrank. Essen Sie sie sofort oder nehmen Sie sich vor, sie auf jeden Fall am nächsten Tag zu essen. Wenn beides nicht möglich ist, kann es vernünftig sein, sie wegzuwerfen. Es mag Ihnen als Verschwendung erscheinen, trotzdem ist es die beste Vorgehensweise. Denn wenn Sie sich dauerhaft an diese Methode halten, werden Sie feststellen, dass Sie bald gar keine Reste mehr wegzuwerfen brauchen. Sie gewöhnen sich ab, zu viel zu kochen oder Sie essen die Reste grundsätzlich immer am Folgetag.

- **Abgelaufene oder fast abgelaufene Lebensmittel**

  Sie halten es für noch essbar und können es deshalb nicht wegwerfen. Aber werden Sie es wirklich „irgendwann" essen, obwohl Sie es nun schon so lange vergeblich aufbewahrt haben? Nachdem es nun einmal Ihre Aufmerksamkeit errungen hat, essen Sie es entweder jetzt oder, wenn das nicht praktikabel ist, werfen Sie es weg.

- **Sachen im Kühlschrank**

  Noch einmal: Das Wichtigste in diesem Zusammenhang ist, aktiv zu werden, sobald etwas in Ihr Blickfeld gerät, zum Beispiel sauer Eingelegtes, von dem Sie dachten, Sie würden es noch verwenden, ohne es aber je aufgebraucht zu haben; Lebensmittel, die kurz vorm Ablaufdatum stehen; Tupperware-Behälter mit Inhalt, von dem Sie noch nicht einmal wissen, worum es sich handelt. Nehmen Sie sie heraus und entscheiden Sie an Ort und Stelle, ob Sie sie essen oder wegwerfen wollen.

Warum diese Strategie funktioniert

„Fürs Erste", „vorübergehend" und „irgendwann" sind, wie bereits in Teil 1 erwähnt, Sätze, die einer natürlichen menschlichen Reaktion entsprechen. Wenn wir uns wegen einer möglichen Verschwendung Sorgen machen, erscheint die unweigerlich bevorstehende Entsorgung durch Verschieben einfacher zu bewältigen.

Aber wenn Sie etwas sowieso entsorgen werden, können Sie dies auch ebensogut sofort machen. Es wird Sie davon abhalten, Dinge anzusammeln, sodass später auch weniger auszusortieren ist. So wie früher bei den Hausaufgaben für die Sommerferien ist es am besten, immer ein bisschen zu erledigen, anstatt alles auf später zu verschieben. Und das Ausrangieren von Dingen ist viel einfacher als Hausaufgaben zu machen!

Wenn Sie aufhören, das ohnehin unvermeidliche Entsorgen immer weiter vor sich herzuschieben, werden Sie auch aufhören, Ihren Sinn für Verschwendung zu trüben. Ein schmerzliches Gefühl der Verschwendung beizubehalten und beim Wegwerfen Schuldgefühle zu empfinden, kann eine sehr positive Wirkung haben, vor allem, wenn es um Essen geht. Es könnte Sie ermutigen, bewusster einzukaufen und den Einsatz Ihrer Vorräte besser zu planen. Ist dies die Folge, hat sich die Anwendung der „Am besten gleich entsorgen"-Strategie tatsächlich als nützlich erwiesen.

3 – Ausrangieren, wenn eine bestimmte Marge erreicht ist

Setzen Sie sich Grenzen. Eine solche Grenze könnte die Füllmenge eines bestimmten Behälters sein – eines Regals zum Beispiel oder eines Kleiderschranks. Wird die Füllmenge überschritten, werten Sie dies als Signal, alles abzustoßen, was nicht mehr notwendig ist. Oder legen Sie fest, wie viel Sie von einer Sache wahrscheinlich nutzen werden – von Geschenkpapier zum Beispiel – und erlauben Sie Ihren Vorräten nicht, darüber hinauszuwachsen.

WORAUF DAS ZUTRIFFT

- Kleidung, Handtücher/Bettwäsche (Wäscheschrank), Schuhe (Schuhregal), Lebensmittel (Vorratsregale), Bücher (Bücherregal)
- Stifte (Stiftehalter)
- Geschenkpapier, Bänder, Schachteln
- Benutztes Papier
- Pyjamas
- Badetücher, Bettwäsche
- Becher
- Besteck
- Tischdecken
- Töpfe, Küchenutensilien

Bewährte Variationen der Grundstrategie

1. AUSRANGIEREN, WENN EIN BESTIMMTER PLATZ AUFGEBRAUCHT IST

- **Kleidung, Handtücher/Bettwäsche (Wäscheschrank), Schuhe (Schuhregal), Lebensmittel (Vorratsregale), Bücher (Bücherregal)**
Hängen Sie Kleidung nicht an Wände oder andere „Behelfsgarderoben", sondern reservieren dafür einen bestimmten Kleiderschrank. Sobald dieser voll ist, gehen Sie durch, was Sie haben. Ist etwas dabei, was Sie nie benutzen, rangieren Sie es aus. Die gleiche Regel können Sie auf Handtücher und Bettwäsche anwenden, ebenso auf Schuhe, die nicht mehr ins Schuhregal passen. Sobald Sie entschieden haben, wie viel Platz alle diese Dinge bekommen sollen, denken Sie sehr sorgfältig und kritisch darüber nach, ehe Sie diesen Platz erweitern.

- **Stifte (Stiftehalter)**
Auf den ersten Blick nur eine Kleinigkeit, und trotzdem ist es die Sache wert, Stiftehalter im Blick zu behalten. Sie neigen dazu, sehr schnell überzuquellen, und Sie wollen die Stifte ja gern leicht herausnehmen und wieder zurückstecken können. Sobald dies schwierig wird, sortieren Sie einige Stifte aus. Es ist sehr wahrscheinlich, dass einige darunter sind, die nicht gut schreiben, und andere, die Sie eigentlich nie benutzen. Machen Sie nicht den Fehler, ein neues Stiftefach anzufangen.

2. AUSRANGIEREN, WENN DIE MENGE ÜBERSCHRITTEN IST, DIE SIE GEBRAUCHEN KÖNNEN

- **Geschenkpapier, Bänder, Schachteln**
  Es ist schön, einen Vorrat an hübschem Geschenkpapier, Schachteln, Bändern und Bindfäden zu haben, die bei Bedarf zum Einsatz kommen können. Übersteigt der Vorrat jedoch die Menge, die Sie gebrauchen können, wird sich immer mehr ansammeln. Wie viel Sie behalten, sollten Sie immer an dem messen, was Sie wirklich brauchen. Wählen Sie zum Beispiel eine Stofftasche aus, in der Sie das Geschenkpapier aufbewahren, dazu vielleicht noch eine Schachtel für Bänder – und sobald die Tasche oder die Schachtel voll ist, werfen Sie alles Überschüssige weg oder recyceln es. Mit Taschen aus dem Supermarkt oder Warenhaus lässt sich genauso verfahren.

- **Benutztes Papier**
  In der Vergangenheit achteten die Menschen sehr genau darauf, kein wertvolles Papier wegzuwerfen und auch die Rückseite von Werbebriefen noch für Notizen zu verwenden. Heute jedoch werden wir so von Papier überflutet, dass wir es kaum noch als „heilig" betrachten können. Wir müssen erwägen, es wegzuwerfen, weil die Gefahr besteht, dass wir sonst darin ertrinken. Fehldrucke können nützlich sein, um Entwürfe zu formulieren oder Notizen zu machen, aber die Menge, die Sie dafür benutzen werden, ist begrenzt. Überlegen Sie, wie viel Sie tatsächlich benutzen werden, und bestimmen Sie eine Tasche oder ein Schubfach, um die Papiere aufzuheben. Wenn sie voll sind, recyceln Sie alles Überflüssige.

3. AUSRANGIEREN, WENN DIE NOTWENDIGE ANZAHL ÜBER-SCHRITTEN IST

- Pyjamas
- Badehandtücher, Laken
- Becher
- Besteck
- Tischdecken
- Töpfe, Küchenutensilien

Für diese und viele andere Gegenstände ist relativ leicht zu bestimmen, welche Anzahl pro Person benötigt wird. Planen Sie keine zu große Reserve ein. Natürlich ist es wichtig, dass Sie genug haben, aber die Anzahl der tatsächlich benötigen Gegenstände kann erstaunlich klein sein (siehe Teil 1, Einstellung 6 – „Alles, was man hat, auch nutzen"). Sobald Sie diese Anzahl überschreiten, sollten Sie alles Ältere abstoßen. Halten Sie sich auch über längere Zeit immer an die gleiche Anzahl und ersetzen Sie dabei nach und nach Altes durch Neues.

Hier ein Beispiel: drei Paar Pyjamas (Sommer und Winter), zweimal Bettwäsche, zwei Badehandtücher (plus ein oder zwei für Gäste). Ein Set Geschirr und Besteck pro Person (plus zwei zusätzliche für Gäste). Vier Tischtücher. Und wie viele Töpfe und Servierplatten brauchen Sie? Zum Beispiel zwei große und zwei kleine.

WARUM DIESE STRATEGIE FUNKTIONIERT

Wir bekommen immer wieder neue Sachen, obwohl die alten immer noch benutzbar sind, und häufig halten wir an ihnen fest. Die Beschränkung auf eine bestimmte Anzahl gibt immer wieder die Gelegenheit, Altes abzustoßen und federt so den Erneuerungsprozess ab.

Die Strategie hat sich für vieles bewährt, bei dem die Umfrageteilnehmer angaben, sich nur schwer davon trennen zu können. Ob etwas weggegeben oder behalten wird, kann auch davon abhängen, wie viele Gelegenheiten zum Ausrangieren Sie sich schaffen.

4 – Ausrangieren, wenn eine bestimmte Zeitspanne überschritten ist

Legen Sie eine angemessene Zeitspanne fest – sagen wir, einen Monat, ein Jahr, drei Jahre – und wenn etwas gegen Ende dieser Zeitspanne nicht benutzt worden ist, stoßen Sie es ab.

Worauf das zutrifft

- Gebrauchsanweisungen
- Kataloge, Werbebroschüren und so weiter
- Spielzeug
- Dokumente/Akten
- Bücher/Zeitschriften
- Briefe (auch Glückwunschkarten)
- DVDs
- Kleider, Utensilien und so weiter, die schon länger in Kartons oder Ähnlichem verstaut sind

Bewährte Variationen der Grundstrategie

1. DINGE, DIE NUR FÜR EINE BEGRENZTE ZEIT BENUTZT WERDEN

- **Gebrauchsanweisungen**
  Ratgeberbücher (für Kindererziehung, Autos, Computer, Computerspiele und so weiter) kaufen wir bevorzugt dann, wenn dafür ein konkreter Anlass besteht. Menschen, die mit bestimmten Problemen bisher noch nicht befasst waren, jetzt aber damit konfrontiert sind, nehmen sie anfangs bestimmt sehr oft zur Hand, um sie dann aber irgendwann vielleicht nie wieder aufzuschlagen – oder höchstens noch einmal, um eine Einzelheit noch einmal nachzuschlagen, oder aus reinem Spaß, jedenfalls nur selten für etwas Lebenswichtiges.

Wenn Sie also meinen, Ihre Lernphase sei vorüber, rangieren Sie diese Bücher aus. Im Ernstfall können Sie danach immer noch online nachschauen oder sich an den Hersteller wenden. Es ist nicht notwendig, eine dicke Gebrauchsanweisung aufzubewahren, nur um im eher unwahrscheinlichen Eventualfall für alles gewappnet zu sein.

Eine gute Möglichkeit, Erziehungsratgeber loszuwerden, besteht darin, sie an andere Eltern weiterzugeben.

- **Kataloge, Flyer und so weiter**

  Es hängt natürlich immer vom Thema ab, aber Informationen in Katalogen und Flyern sind nach einer bestimmten Zeit oft überholt. Schauen Sie nach Aufdrucken von konkreten Daten oder anderen Hinweisen darauf, wie alt das Material ist, mit dem Sie es gerade zu tun haben. Es kann Spaß machen, gelegentlich alte Kataloge anzuschauen, einen echten Nutzen werden Sie daraus aber nicht mehr ziehen können. Also weg damit!

- **Spielzeug**

  Spielzeug, das Kinder in jüngeren Jahren einmal sehr fesselte, wird mit zunehmendem Alter immer seltener wahrgenommen. Emotional kann es trotzdem noch wichtig sein, weshalb es eher schwer auszurangieren ist. Trotzdem dürfen Sie nicht zulassen, dass sich Spielzeug unbegrenzt ansammelt.

  Halten Sie Ihre Kinder dazu an, zum Beispiel jedes Jahr zum Geburtstag einiges auszusortieren. Wie bereits im Rahmen von Strategie 3 vorgeschlagen, kann es eine gute Idee sein, einen begrenzten Platz zur Verfügung zu stellen, zum Beispiel ein Spielzeugregal und/oder eine große Spielzeugbox, deren Fassungsvermögen nicht überschritten werden darf.

  Gut erhaltenes Spielzeug lässt sich an Familien mit kleineren Kindern weitergeben oder auch an soziale Einrichtungen spenden.

2. WORÜBER SICH NACH EINER BESTIMMTEN ZEITSPANNE ENTSCHEIDEN LÄSST

- Dokumente/Akten
- Bücher/Zeitschriften
- Briefe (einschließlich Glückwunschkarten zum Geburtstag)
- DVDs
- Kleider, Utensilien und so weiter, die in Boxen oder Behältern verstaut sind

Alle diese Dinge wurden auch schon im Abschnitt über Strategie 1 genannt (siehe Seite 84). Hier besteht die Grundidee jedoch darin, dass jeder wichtige Gegenstand im Laufe einer bestimmten Zeitspanne zwangsläufig einmal auftauchen muss und dass er, wenn Sie ihn bis nach Ablauf dieser Spanne nicht gesehen haben, nicht wirklich wichtig sein kann und ausrangiert werden sollte.

In Teil 1, Einstellung 3 habe ich vorgeschlagen, eine Zeitspanne von drei Jahren anzusetzen, aber natürlich können Sie auch selbst darüber entscheiden, was Ihnen für verschiedene Dinge angemessen erscheint. Das muss nicht immer nach logischen Gesichtspunkten geschehen. Wichtiger ist, dass Sie sich für irgendeinen Zeitrahmen entscheiden – denn der Sinn besteht darin, Gelegenheiten zum Ausrangieren zu schaffen.

WARUM DIESE STRATEGIE FUNKTIONIERT

Wie Strategie 3 schafft sie immer wieder die Gelegenheit, sich von überflüssigen Dingen zu trennen.

Sie legen die Zeitspanne fest, damit Sie Dinge, die Sie nicht mehr benutzen, nicht ewig behalten. Sobald die festgelegte Zeit verstrichen ist, tun Sie sie weg, und zwar ohne Wenn und Aber. Sie dachten, sie könnten eines Tages noch einmal nützlich werden, doch dieser vielbeschworene Tag kommt einfach nie. Das wissen Sie jetzt. Im Laufe der Zeit werden Sie

Ihre Fähigkeit, schneller zu entscheiden, was wirklich noch gebraucht wird und was nicht, weiterentwickeln und brauchen sich dann nicht mehr hinter solchen vagen Prophezeiungen zu verstecken.

Wenn Sie meinen, die festgelegte Zeit sei zu kurz oder zu lang, können Sie sie jederzeit anpassen.

5 – Regelmäßig ausrangieren

Fragen Sie sich regelmäßig, ob Dinge ausrangiert werden können, zum Beispiel am Ende jeden Tages, jeder Woche, jeden Monats oder jeden Jahres.

Natürlich brauchen Sie die Abstände nicht allzu genau einzuhalten, solange eine gewisse Regelmäßigkeit gewahrt bleibt. Sie bräuchten bloß zu denken: „Oh, ich habe eine Weile nicht mehr nachgeschaut", die Lage sichten und alles Unnötige ausrangieren.

Worauf das zutrifft

- Quittungen/Einlieferungsbelege
- Haushaltsbücher
- Alte Knöpfe und Schlüssel
- Garantien/Verträge
- Gebrauchsanweisungen
- Zettel am Kühlschrank oder an der Pinnwand
- Kleinkram in Schubladen
- Krawatten, Socken, Unterwäsche
- Bücher, Zeitschriften, Kleider

Bewährte Variationen der Grundstrategie

1. BELEGE

- **Quittungen/Einlieferungsbelege**
  Solche Belege sind nützlich, falls es mit einem Produkt oder dessen Anlieferung Probleme gibt. (Den Nachweis von Ausgaben für die Beantragung von Zuschüssen ignoriere ich an dieser Stelle).
  Wurde das Produkt benutzt oder hat die Auslieferung stattgefunden, brauchen Sie die Zettel nicht mehr. Lassen Sie sie nicht

in Ihrer Tasche oder Ihrem Portemonnaie. Und sortieren Sie jedes Mal, wenn Sie einkaufen gehen oder Ihr Portemonnaie öffnen, so viele alte Belege aus wie möglich.

- **Haushaltsbücher**
  Viele Menschen halten ihre täglichen Ausgaben schriftlich fest und bewahren ihre alten Haushaltsbücher auf, auch wenn sie jedes Jahr ein neues Buch kaufen. Tatsächlich können die alten Bücher als Gedächtnisstützen dienen und es ist erstaunlich, wie oft man noch einmal etwas vergleichen will, vor allem mit den Daten des Vorjahres.

  Wenn Sie also ein neues Haushaltsbuch kaufen, behalten Sie das vom letzten Jahr, rangieren aber das vom Jahr davor am besten gleich aus. Oder Sie behalten, wenn dies für Sie besser ist, die Bücher jeweils zwei Jahre lang.

  Diese Strategie des bewussten, regelmäßigen Austauschs bedeutet, Sie werden nie mehr als eine vorher festgelegte Anzahl von Haushaltsbüchern zu Hause haben.

2. DINGE, DIE HAFTEN BLEIBEN, AUCH WENN SIE NICHT MEHR NÖTIG SIND

- **Alte Knöpfe und Schlüssel**
  Alte Knöpfe finden sich in wachsender Anzahl in Schubladen und Nähkästchen. Und alte Schlüssel behalten wir gern auch dann noch, wenn wir längst vergessen haben, in welche Schlösser sie einmal gepasst haben.

  Wer ein Kleidungsstück wegtut, macht sich nur selten die Mühe, die zurückgelegten Ersatzknöpfe herauszusuchen und ebenfalls zu entsorgen. Nach einer Weile besitzen wir jede Menge Knöpfe, die wir eigentlich gar nicht haben wollen. Ein regelmäßiger Check ist deshalb mehr als sinnvoll.

Sieht es so aus, als nähmen die Knöpfe bei Ihnen überhand oder baumeln zu viele Schlüssel an Ihrem Schlüsselanhänger, gehen Sie sie durch und prüfen Sie, ob sie wirklich alle noch notwendig sind. Einige von ihnen werden es mit Sicherheit nicht mehr sein.

- **Garantien/Verträge**
  Garantien für Elektroartikel und Möbel erstrecken sich meist über zwei Jahre, Verträge über zwei bis fünf Jahre.
  Ist die Zeit abgelaufen, brauchen Sie die betreffenden Dokumente nicht mehr aufzuheben. Am besten bewahren Sie sie alle an einer Stelle auf, um sie in regelmäßigen Abständen durchgehen zu können. Dies könnte am Ende eines jeden Jahres geschehen – oder auch immer dann, wenn Sie ein neues Dokument in die Akte heften. Sobald Sie dabei feststellen, dass eine Garantie oder ein Vertrag abgelaufen ist, entsorgen Sie die Unterlagen. Das dürfte Ihnen nicht schwerfallen – eine abgelaufene Garantie ist zu nichts mehr nutze.

- **Gebrauchsanweisungen**
  Anders als Garantien haben Gebrauchsanweisungen keine feste Gültigkeitsdauer. Aber das heißt nicht, dass wir für immer an ihnen festhalten müssen. Ist die Gebrauchsanweisung für einen Staubsauger in zehn Sprachen es wirklich wert, aufgehoben zu werden? Und wie lange muss man Ratschläge darüber aufbewahren, was man tun soll, wenn man Probleme mit der Heizung hat oder nicht weiß, wie man einen Ventilator oder eine Lederjacke am besten reinigt?
  Es gibt einen Unterschied zwischen Gebrauchsanweisungen, die Problemlösungen liefern, und allgemeinen Beschreibungen, die mit einem Produkt mitgeliefert werden. Lernen Sie, zwischen beiden zu unterscheiden. Sobald Sie sich an ein Pro-

dukt gewöhnt haben, können Sie die allgemeinen Anweisungen wegwerfen.

Behandeln Sie Gebrauchsanweisungen genauso wie Garantien und Verträge und bewahren Sie sie am besten alle am gleichen Ort auf. Immer wenn Sie eine neue Anweisung hinzutun, prüfen Sie alle anderen, um zu sehen, ob davon schon welche weg können. Behalten Sie kein ganzes Heft, nur weil es die Telefonnummer des Kundenservice enthält und es Ihnen zu lästig ist, sie separat zu notieren. Selbst wenn Sie diese eine Nummer nicht haben, können Sie jederzeit in der Zentrale der Firma anrufen und darum bitten, zum Kundenservice durchgestellt zu werden – oder können die Nummer online nachschauen.

- **Zettel am Kühlschrank oder an der Pinnwand**
  Informationen über einen Sonderverkauf oder eine Ausstellung, der Speiseplan der Schulmensa, Rechnungen, telefonische Nachrichten, Konzertkarten oder die Besprechung eines Buches, dessen Anschaffung Sie erwägen – all dies und noch viel mehr flattert erfahrungsgemäß an der Pinnwand oder der Kühlschranktür. Gelegentlich fällt ein Blatt ab und wenn man es aufhebt, stellt man erstaunt fest, dass die Verkaufsaktion längst vorbei ist, dass die telefonische Nachricht bereits weitergegeben wurde und der Mensa-Speiseplan vom vergangenen Monat ist. Nehmen Sie sich fest vor, alle Zettel durchzugehen, wenn Kühlschrank oder Pinnwand voll sind oder etwas herunterfällt. Nach meiner Erfahrung lässt sich fast immer mindestens ein Drittel der dort angehefteten Zettel guten Gewissens entsorgen.

- **Kleinkram in Schubladen**
  Jeder Haushalt hat ein, zwei Schubladen, in denen diverser Kleinkram – Schreibpapier, Nagelknipser, Klebeband-Abroller, Heftpflastertütchen, Brillenputztücher und so weiter – hin- und hergeschoben wird. Es können Schubladen im Telefon-

tischchen sein, im Geschirr- oder Wäscheschrank oder auch im Schreibtisch an Ihrer Arbeit.

Wenn Sie mit diesen Schubladen klarkommen, ist das völlig in Ordnung. Oft aber werden sie so voll, dass man den Inhalt herunterdrücken muss, um sie überhaupt noch schließen zu können. Spätestens dann müssen Sie den Inhalt herausholen und durchsortieren. Wahrscheinlich finden Sie alte Erinnerungsnotizen, Quittungen, kaputte Stifte und Feuerzeuge, alte Schnappschüsse und mindestens eine klebrige alte Süßigkeit.

Sobald eine Schublade voll ist, sollten Sie den Inhalt durchsortieren. Sie müssen den Inhalt sonst immer mehr zusammendrücken, um sie schließen zu können. Vielleicht ist sie ja beim letzten Mal sogar nur noch mit Gewalt zugegangen und existiert inzwischen nur noch als für immer blockierte Geheimschublade.

3. WENN SICH GEWOLLTES NUR NOCH SCHWER VON UNGEWOLL-
TEM TRENNEN LÄSST

- **Krawatten, Socken, Unterwäsche**

  Ein ausgefranster Schlips, eine Socke mit fadenscheiniger Hacke, alte Unterwäsche – selbst von solchen Sachen kann man sich manchmal nur schwer trennen. Man denkt, man könnte sie wenigstens noch einmal tragen. Oder man entscheidet sich dafür, sie zu waschen, ehe man sie ausrangiert, und legt sie nach dem Waschen wieder zurück in den Kleiderschrank.

  Gewöhnen Sie sich an, Ihre Wäsche immer mal wieder zu kontrollieren. Schaffen Sie auch hier regelmäßige Gelegenheiten zum Ausrangieren. Welchen Zyklus Sie wählen, bleibt ganz Ihnen überlassen, aber die Sachen einmal im Frühling und einmal im Herbst durchzugehen, hat sich als praktikabel erwiesen.

- **Bücher, Zeitschriften, Kleider**

  Meiner Umfrage zufolge sind das die drei Kategorien, die auszumisten vielen Menschen am schwersten fällt. Mehr Gelegenheiten zum Ausrangieren zu schaffen ist auch hier eine gute Devise. Das regelmäßige Durchsortieren macht es nicht automatisch einfacher, sie loszulassen. Doch habe ich sie unter dieser Strategie aufgeführt, weil es den Umgang mit ihnen erfahrungsgemäß leichter macht.

WARUM DIESE STRATEGIE FUNKTIONIERT

Die beiden vorherigen Strategien erlauben, Dinge abzustoßen, sobald eine gewisse Quantität oder ein vorher festgelegtes Zeitmaß überschritten ist. Dies kann jedoch einfacher gesagt sein als getan und es werden sich auch weiterhin Sachen ansammeln. Ein regelmäßiges Ausrangieren einzuführen, kann da deutlich weiterhelfen.

Natürlich wird es nicht dazu führen, dass sich zwischen den regelmäßigen Aufräumterminen nichts mehr ansammelt. Und je stärker diese Tendenz, desto mühsamer werden die regelmäßigen Checks. Die Strategie eignet sich besonders für alles, was sich eher langsam ansammelt und bei dem einfach zu bestimmen ist, ob es notwendig ist oder nicht. Bei Büchern, Zeitschriften und Kleidern wirkt sie womöglich nicht so gut, vor allem wenn es der einzige Ansatz ist, den Sie verfolgen.

6 – Lösungen für das, was sich noch nutzen lässt

Denken Sie nicht, Sie könnten bestimmte Dinge nicht ausrangieren, weil sie sich noch nutzen lassen. Verändern Sie Ihren Denkansatz. Sagen Sie sich: Ich habe es einmal benutzt, also kann ich es abstoßen.

Worauf dies zutrifft

· Kleider, Bücher, Zeitschriften
· Kosmetika und Toilettenartikel
· Arzneimittel
· Werbegeschenke
· Geschenkpapier, Bänder, Schachteln, benutztes Papier
· Gewürze
· Produktproben

Variationen der Strategie

1. DIE GROSSEN DREI – WOVON SICH VIELE NUR MIT MÜHE TRENNEN

· **Kleider, Bücher, Zeitschriften**
  Der Ansatz ähnelt dem für alles unter Punkt 2 Aufgelistete, doch bitte bedenken Sie, dass viele Gegenstände aus diesen drei Kategorien nur schwer auszurangieren sind, wenn Ihnen dies Schuldgefühle macht. „Ich kann es ja noch mal tragen", „Vielleicht stehen doch noch ein paar wichtige Informationen drin", „Ich habe noch nicht alles gelesen", „Eines Tages könnte es ja noch nützlich sein". So gut wie jeder Teilnehmer an unserer Umfrage kennt diese Gedankengänge.
  Die Überzeugung, dass Dinge genutzt werden sollten, bis ihr Potenzial vollständig erschöpft ist, besitzt viel Macht. Wir schei-

nen zu glauben, dass es, wenn wir etwas behalten, auch eine Gelegenheit geben wird, sein Potenzial voll auszunutzen. (Der Grund, warum viele ihre Sachen gern an Second-Hand-Shops geben, ist die Vorstellung, dass damit jemand anders die Verantwortung für die Ausnutzung des Potenzials übernimmt.) Dabei ist es besser, sich nicht zu viele Sorgen darüber zu machen, ob man das volle Potenzial der Dinge nutzt. Es mag sein, dass man sie noch besser nutzen könnte, aber man darf sie auch einfach ausrangieren. Wenn Sie dies akzeptieren, ersparen Sie sich viele Sorgen.

Sie könnten aber auch noch ein Stückchen weitergehen und sich sagen: „Es hat den Zweck erfüllt, für den ich es gekauft habe, und damit habe ich es ausgenutzt." Nehmen wir an, Sie hätten sich aus einem Impuls heraus ein modisches Kleidungsstück gekauft und es einmal mit Genuss getragen – das reicht. Oder Sie haben wegen eines besonderen Beitrags eine Zeitschrift gekauft und den Beitrag gelesen. Sie brauchen nicht die ganze Zeitschrift zu behalten, weil Sie den Rest noch nicht gelesen haben. Mit anderen Worten: Indem es Ihren Zweck erfüllt hat, ist sein Potenzial erschöpft.

2. DINGE, DIE SIE NICHT NUTZEN UND DIE SICH TROTZDEM IMMER WEITER VERMEHREN

- **Kosmetika und Toilettenartikel**
  Tübchen und Döschen sammeln sich besonders gern an. Und nicht nur Frauen haben Probleme damit, sie wegzuwerfen. Auch Männern geht es nicht besser. Zum Beispiel nutzen viele Frauen nicht gern über längere Zeit denselben Lidschatten und neigen deshalb dazu, ständig neuen zu kaufen. Wenn Sie nicht selbst auf Einkaufstour gehen, bekommen Sie welchen geschenkt und ehe Sie sich's versehen, besitzen Sie eine ganze Sammlung nur teilweise benutzter Stifte und Tuben.

Schauen Sie in Ihre Schubladen und Körbchen. Gibt es Gläschen mit Make-up, in dessen Mitte Sie den Boden erreicht haben, während die Ränder noch unberührt hochstehen? Gibt es Tuben mit Haargel, die locker noch ein Stückchen weiter ausgedrückt werden könnten? Warten Sie nicht darauf, bis sie leer sind. Wenn Sie sie länger nicht benutzt haben, werfen Sie sie weg. Der dadurch entstehende regelmäßige Austausch (Strategie 5) hat sich als sehr nützlich erwiesen.

- **Arzneimittel und Ähnliches**
  Sie häufen sich auf verschiedene Weise an. Vielleicht haben Sie bei der letzten Erkältung Arznei für vier Tage verschrieben bekommen, sie aber nur drei Tage lang genommen und haben jetzt noch eine Tagesdosis übrig. Oder Sie haben beim letzten Gang in die Stadt etwas gegen Kopfschmerzen gekauft, obwohl Sie noch Schmerzmittel zu Hause hatten. Vielleicht haben Sie für manche Probleme auch verschiedene Mittel angesammelt. Selbst wenn Sie meinen, Sie könnten sie irgendwann noch mal nehmen, wenn Sie sie ein Weilchen behalten, fragen Sie sich, ob das wirklich so klug wäre.

  Lassen Sie nicht zu, dass sich Medikamente anhäufen. Ist es etwas, das Sie verschrieben bekommen haben, werfen Sie alle Reste weg, sobald Sie die Einnahme beendet haben. Finden Sie verschiedene Schachteln mit der gleichen Art von zu ähnlicher Zeit gekauften verschreibungsfreien Mitteln, vereinen Sie sie in einer Schachtel und greifen Sie im Bedarfsfall darauf zurück.

- **Werbegeschenke**
  Give-aways wie Handtücher, Seifen und Teepröbchen neigen dazu, sich anzusammeln. Es fühlt sich falsch an, ein neues Handtuch wegzuwerfen, und Tee und Seife kann man immer gebrauchen, auch wenn man sie nicht wirklich mag.

Die Handtücher lassen sich als Putztücher verwenden. Vielleicht heben Sie sie bis zum nächsten Hausputz auf und werfen sie weg, wenn sie schmutzig sind. Auf diese Weise erleichtern Sie sich das Saubermachen und werden gleichzeitig auch die Handtücher los. Natürlich können Sie ein Handtuch auch waschen und immer wieder verwenden, die Anzahl ungenutzter Handtücher wird dadurch aber steigen.

Haben Sie Tee oder Seife bekommen, öffnen Sie die Packungen und ermitteln Sie durch Schnuppern, ob Sie sie mögen. Falls nicht, werfen Sie sie weg. Wenn Sie sie behalten, werden Sie sie aller Wahrscheinlichkeit nach doch nicht nutzen.

• **Geschenkpapier, Bänder, Schachteln, benutztes Papier**
Darüber haben wir schon im Abschnitt über Strategie 3 („Ausrangieren, wenn eine bestimmte Menge überschritten ist") gesprochen. Damit verbunden ist die Vorstellung, dass es völlig in Ordnung ist, Dinge wegzuwerfen, ohne sie aufzubrauchen.

3. SACHEN, DIE NUR SCHWER AUFZUBRAUCHEN SIND

• **Gewürze**
Vor allem, wenn sie eher ausgefallen sind, machen sich Gewürze gern in unseren Küchenschränken breit. Vielleicht haben Sie ein seltenes Gewürz gekauft, als Sie ein ungewöhnliches Rezept ausprobieren wollten, oder jemand hat es Ihnen dringend empfohlen.

Ist man ein bestimmtes Gewürz nicht gewohnt, ist es jedoch sehr schwer, eine ganze Packung aufzubrauchen. Lassen Sie sich von einer hübschen Verpackung nicht zum allzu umfangreichen Kauf verführen. Im Geschäft mag das attraktiv aussehen, in Ihrer Küche steht aber schon jetzt viel zu viel Kram herum. Vernünftiger ist es, kleine Probierpackungen zu kaufen und sie, wenn sie in Ihrer Küche nicht zur regelmäßigen Zutat werden, zügig wieder auszurangieren.

- **Pröbchen**
  Beim Einkaufen bekommt man oft kostenlose Proben von Parfüm, Shampoo und so weiter. Es fühlt sich gut an, etwas geschenkt zu bekommen. Aber nutzen Sie all diese Sachen wirklich? Vielleicht probieren Sie etwas, stellen fest, dass Sie den Duft nicht besonders mögen, stecken es in eine Schublade und vergessen, dass Sie es haben.
  Wenn Sie etwas nicht mögen, werfen Sie es gleich weg. Oder nehmen Sie Pröbchen mit auf Reisen und verwenden Sie dann so viel davon, wie Sie brauchen und mögen. Den Rest werfen Sie, solange Sie noch unterwegs sind, in den nächsten Mülleimer.

Warum diese Strategie funktioniert

Mit der Einstellung „Ich habe es einmal benutzt, also kann ich es entsorgen" sind viele Dinge leichter abzustoßen. Je nachdem, worum es sich handelt, könnte es eine Frage von „einmal" oder einer bestimmten Menge sein. In beiden Fällen wird diese Haltung Sie davon abhalten, sich zu sorgen, Sie könnten zu verschwenderisch sein. Der Ansatz betont im Grundsatz die „Entsorgbarkeit".

Mögen Sie Patchwork? Als Strategie beim Ausrangieren kann es äußerst hilfreich sein. Vielleicht haben Sie Kleider, die Sie wegen der damit verbundenen Erinnerungen nicht wegwerfen wollen. Wenn Sie Stoffreste davon behalten, fällt es Ihnen sicher leichter, sich von den Kleidern zu trennen. Zum Beispiel könnten Sie eine Tasche, einen Ofenhandschuh oder eine Tagesdecke für Ihr Bett daraus machen – was auch immer Sie brauchen und Ihr Geschick beim Nähen hergeben mag. In Japan werden Stoffreste von Kinderkleidern gern zu Turn- oder Schuhbeuteln zusammengenäht. Vielleicht ist das eine sehr weibliche Idee, doch wenn die Weiterbenutzung eines Teils Ihnen das Gefühl geben kann, das Ganze nicht achtlos weggeworfen zu haben, sollten Sie es ausprobieren. Stehen Sie andererseits am Ende mit zehn Ofenhandschuhen da, haben Sie auch nichts gewonnen. Beschränken Sie sich bei dieser Art des Patchworkings also möglichst auf die Kleider, die wegzuwerfen Ihnen sehr schwerfällt.

Sie könnten auch zum Beispiel einen Beutel oder eine Tasche aus einem Kimono oder einem Kleid machen, das Ihre Mutter oft getragen hat. Auch die Veränderung und Verkleinerung der Form ist eine Art des Ausrangierens.

7 – Verbindliche Regeln aufstellen

„Irgendwann ...", „Wenn ich es wirklich voll ausgenutzt habe ...", „Wenn es gar nicht mehr gebraucht wird ..." Eines ist all diesen Aussagen gemeinsam: Sie sind zu vage und taugen nicht als Maßgabe zum Ausrangieren.

Konkrete Aussagen wie: „Nach drei Jahren ...", „Wenn ich es einmal benutzt habe ...", „Wenn ich ein Neues gekauft habe ...", sind sehr viel klarer. Die konkrete Benennung von Zeitspannen oder einer bestimmten Anzahl von Einsätzen lässt keinen Raum für Emotionen und befördert rasche, klare Entscheidungen.

VARIATIONEN DER STRATEGIE

1. Eine bestimmte Menge festlegen
2. Eine bestimmte Zeitspanne festlegen
3. Eine Anzahl von Einsätzen festlegen
4. Neuanschaffungen zum Anlass nehmen
5. Klare Kriterien formulieren
6. Bestehende Kriterien überprüfen

1. EINE BESTIMMTE MENGE FESTLEGEN

Was dies bedeutet, haben wir bereits unter Strategie 3 (siehe Seite 96 für weitere Details) beschrieben: Jeder Gruppe von Gegenständen (Bücher, Kleider, Zeitschriften und so weiter) wird eine Höchstmenge – gemessen an einem bestimmten Behältnis wie Schrank oder Box – zugesprochen. Geht zum Beispiel die Tür zum Kleiderschrank nicht mehr zu, sollten Sie ans Ausrangieren denken.

Alternativ könnten Sie eine bestimmte Anzahl von Gegenständen als Höchstgrenze festlegen. So könnten Sie zum Beispiel entscheiden, drei Kochtöpfe zu haben – einen großen, einen mittleren und einen kleinen. Alles, was darüber hinaus geht, stoßen Sie ab.

2. EINE BESTIMMTE ZEITSPANNE FESTLEGEN

Dieser Ansatz wurde unter Strategie 4 (siehe Seite 100) schon einmal besprochen. Das Prinzip ist ganz einfach: Ist eine bestimmte Zeitspanne überschritten, geht es ans Ausrangieren. Dies passt sehr gut zu allem, was ohnehin nur für eine begrenzte Zeit nutzbar ist, wie Gebrauchsanweisungen und so weiter. Auch für andere Unterlagen kann es sinnvoll sein. Durch die Zeitspanne wird es leichter zu beurteilen, ob sie noch notwendig sind oder nicht.

Außerdem hilft das Setzen von Zeitspannen dabei, sich klarzumachen, dass viele Dinge nur eine begrenzte Zeit lang nützlich sind.

3. EINE ANZAHL VON EINSÄTZEN FESTLEGEN

Dies wurde unter Strategie 6 (siehe Seite 110) besprochen: Anstatt zu denken, Sie müssten etwas so oft gebrauchen, bis es gänzlich unbrauchbar ist, bestimmen Sie, wie viele Male Sie es benutzen wollen. Ist die Anzahl erreicht, stoßen Sie es ab. Für viele Sachen kann „einmal" eine gute Maßgabe sein. Vor allem bei Werbegeschenken wie kostenlose Handtücher oder T-Shirts, Hotelzahnbürsten oder -kämme, Produktproben und so weiter können Sie sich gestatten, sie nach nur einmaligem Gebrauch zu entsorgen.

4. NEUANSCHAFFUNGEN ZUM ANLASS NEHMEN

Dies funktioniert ähnlich wie die Festsetzung einer bestimmten Menge. Sobald Sie etwas ersetzen – Fernseher, Handy, Computer, Aktentasche, Kaffeebecher –, geben Sie es sofort ab. Schließlich hatten Sie bisher die richtige Anzahl. Wenn Sie das Alte nicht entsorgen, haben Sie mehr als notwendig.

5. KLARE KRITERIEN FORMULIEREN

Sachen wie Kleider, Geschirr und Zeitschriften sammeln sich schnell an, sind aber nicht leicht auszurangieren. Es ist mühsam, sie durchzugehen und zu entscheiden, was man behalten und was man abstoßen soll. Deshalb bietet es sich an, für jede Art von Gegenständen klare Kriterien zu formulieren, anhand derer man dann gleich entscheiden kann. Quillt Ihr Karton von Tragetüten über, sagen Sie sich zum Beispiel, dass Sie alle Markentaschen behalten und alle Tüten mit Werbeaufdruck ausrangieren. Um der Flut von Trinkgläsern Herr zu werden, die Sie geschenkt bekommen, können Sie beschließen, alle abzustoßen, die ein Firmenlogo tragen. Bei den Zeitschriften können Sie festlegen, zum Beispiel *National Geographic* wegen der erstklassigen Bilder zu behalten und alle anderen nach einer bestimmten Zeitspanne ins Altpapier zu geben.

Die Kriterien dürfen allerdings nicht zweideutig sein. Auf den ersten Blick müssen Sie entscheiden können, ob sie erfüllt sind oder nicht. Und achten Sie darauf, Gegenständen „für Gäste" oder „Sets" keine Sonderbehandlung zukommen zu lassen.

6. BESTEHENDE KRITERIEN ÜBERPRÜFEN

Irgendwelche vagen Kriterien hat bereits jeder. Wenn sich Dinge ansammeln, sind sie jedoch offensichtlich unwirksam und müssen neu überdacht werden. Sich bewusst zu machen, welchen Kriterien man bisher folgt, ist schon ein guter erster Schritt.

WARUM DIESE STRATEGIE FUNKTIONIERT

Einfache Kriterien wie „Ich werde alle Kleider aussortieren, die mir nicht mehr passen", oder „Ich brauche nur drei Kochtöpfe – klein, mittel und groß" reichen schon, um die Lage im Griff zu behalten. Allzu vage und komplizierte Kriterien machen Entscheidungen bloß unnötig mühsam. Formulieren Sie deshalb wirklich ganz einfache, klare Kriterien. Der Zweck dieser Strategie besteht ja gerade darin, diese Art von Problem zu eliminieren.

Stehen Sie zu Ihren einmal gefassten Kriterien. Erinnern Sie sich vor allem immer dann daran, wenn Sie etwas ausrangieren, das noch benutzt werden kann. Es wirkt gegen die Entstehung von Schuldgefühlen.

8 – Mehrere Kanäle einrichten

Etwas auszurangieren heißt nicht, dass Sie es wegwerfen müssen. Erst einmal geht es nur darum, dass *Sie* es loswerden. Sie können es an einen Second-Hand-Shop verkaufen, an Freunde oder Geschwister weitergeben, an eine gemeinnützige Organisation spenden oder es in etwas anderes verwandeln und aufbrauchen ... Je mehr dieser Kanäle Ihnen zur Verfügung stehen, desto einfacher wird es, sich von Ballast zu befreien.

Worauf dies zutrifft

· Batterien, Glühbirnen und Ähnliches
· Puppen und Stofftiere
· Kleider
· Bücher
· Teure Markenartikel und Accessoires
· Süßigkeiten, Pralinen und so weiter
· Elektrische Geräte
· Papierabfall (Unterlagen, Quittungen, Wurfsendungen und Ähnliches)

Varianten der Strategie

1. DINGE, DIE NICHT AUF DEN MÜLL GEHÖREN

· **Batterien, Glühbirnen und Ähnliches**
Auch Ihre örtlichen Behörden machen mit Sicherheit Angebote für die Entsorgung von Batterien, Glühbirnen und so weiter. Falls Sie diese bisher nicht kennen, ist es auf jeden Fall eine gute Idee, sich darüber zu informieren. Mit einer gewissen Wahrscheinlichkeit wird sich jedoch herausstellen, dass sie nur in größeren Abständen per Schadstoffmobil eingesammelt werden, und in der Zwischenzeit liegen sie bei Ihnen herum.

Schauen Sie sich nach Alternativen um. Batterien werden oft in Bürgerämtern oder auf Recyclinghöfen, in Supermärkten, Warenhäusern, Elektro-Fachgeschäften und Tankstellen entgegengenommen. Wenn Sie Batterien für Ihre Uhr oder Kamera kaufen und gleich auswechseln lassen, wird der Laden die alten für Sie entsorgen.

- **Puppen und Stofftiere**
  Ein für mich überraschendes Ergebnis meiner Umfrage war, dass viele Japaner Puppen und Stofftiere nur schwer entsorgen können, weil „sie Augen haben" und „uns verfluchen" könnten. Wer möchte, kann seine Puppen in Japan zu einem Tempel bringen. Einige japanische Tempel, insbesondere die in der Nähe von Tierfriedhöfen, führen spezielle Zeremonien für Puppen durch. Die Teilnahme kostet mehrere tausend Yen.

2. DINGE, DIE SICH NICHT ENTSORGEN LASSEN, WEIL ES VERSCHWENDUNG WÄRE

- **Kleider, Bücher, teure Markenartikel und Accessoires**
  Eine willkommene Alternative besteht darin, diese Dinge zu verkaufen oder zu verschenken. Sie können sie online oder in Second-Hand-Shops und -Buchläden anbieten. Schwarze Bretter in Supermärkten, Kindergärten oder öffentlichen Treffpunkten ebenso wie Kleinanzeigen in Zeitschriften oder örtlichen Zeitungen können hier als Werbeträger dienen. Wenn die Vorstellung, dass die Sachen weiter genutzt werden, Sie von Schuldgefühlen befreien kann, sind dies gute Optionen.

- **Süßigkeiten, Pralinen und so weiter**
  Man hat Ihnen Süßigkeiten, Pralinen, sauer Eingelegtes oder Trockenfrüchte geschenkt. Wenn Sie berufstätig sind, nehmen Sie solche Dinge einfach mit in die Firma. Von einer Schale mit

Süßigkeiten oder Trockenfrüchten werden sich die anderen gern bedienen. Auch Handtücher und Tassen können im Büro nützlich sein, also nehmen Sie auch die mit.

Kommt ein Freund zu Besuch, können Sie ihm etwas als Geschenk mitgeben – fast jeder freut sich über kleinere Mengen Marmelade, Tee, Schokolade und so weiter.

3. DINGE, DIE SIE AUS UMWELTGRÜNDEN NICHT WEGWERFEN DÜRFEN

- **Elektrische Geräte**
  Fernseher, Klimaanlagen, Kühlschränke und Waschmaschinen unterliegen in Japan Recyclinggesetzen, die Händler verpflichten, sie auf Anfrage zurückzunehmen und dem Recycling zuzuführen. Die Gesetze bringen uns dazu, solche Geräte nicht als Müll zu betrachten. Allerdings sind die Kosten vom Kunden zu tragen. Wer einen neuen Kühlschrank kauft, bezahlt für die Entsorgung des alten. Manchmal werden die alten Geräte auch beim Sperrmüll mitgenommen, müssen dann aber meist gesondert angemeldet werden.
  Natürlich lassen sich alte, noch funktionstüchtige Geräte auch verkaufen oder verschenken. Kennen Sie zum Beispiel junge Leute, die in eine eigene Wohnung ziehen? Sie könnten sie fragen, ob sie Ihren alten Fernseher haben wollen. Gut möglich, dass sie begeistert sind.

4. DINGE, DIE SIE NICHT WEGTUN KÖNNEN, WEIL SIE NICHT WISSEN, WOHIN DAMIT

- **Papiere (Unterlagen, Quittungen, Wurfsendungen und so weiter)**
  Haben Sie schon einmal ein Stück Papier in der Hand gehalten, das eigentlich Abfall war, es dann aber, weil gerade kein

Papierkorb in der Nähe war, in eine Schublade gesteckt und es dort vergessen? Eine ganz einfache Lösung lautet: Je mehr Mülleimer und Papierkörbe Sie haben, desto mehr werden Sie wegwerfen. Es hilft, Dinge ohne Verzögerung loszuwerden. In jedem Zimmer sollten Sie mindestens einen Papierkorb haben.

Warum diese Strategie funktioniert

Wenn man weiß, wie und wo man ausrangierte Dinge hintun kann, wird das Ganze gleich viel einfacher. Wählen Sie die Möglichkeiten, die Ihnen am wenigsten Probleme und Ängste bereiten. Wenn Sie zum Beispiel etwas nicht wegwerfen können, weil Sie fürchten, das könnte Verschwendung sein, ist ein Second-Hand-Shop womöglich für Sie die beste Lösung.

Am Ende wird es dann meist von jemand anderem weggeworfen. Aber darüber sollten Sie sich keine Sorgen machen, solange Ihr Ansatz Ihnen hilft, sich von Ballast zu befreien.

9 – Klein anfangen

Wählen Sie einen überschaubaren Bereich – eine Tischplatte, ein Regalbrett oder einen Waschtisch –, auf dem Sie ab sofort nichts mehr ablegen werden. Und halten Sie sich an diesen Beschluss!

Variationen der Strategie

1. Wählen Sie einen Platz, an dem Sie nichts mehr ablegen werden.
2. Wählen Sie einen Platz, an dem Sie keine unnötigen Dinge mehr ablegen werden.
3. Beginnen Sie mit einem Platz, der leicht aufzuräumen ist.

Die Variationen in der Praxis

1. WÄHLEN SIE EINEN PLATZ, AN DEM SIE NICHTS MEHR ABLEGEN WERDEN

- Auf dem Esstisch
- Auf einem Schrank
- Auf dem Kühlschrank
- Auf einem Waschtisch
- Auf einem Schreibtisch
- Auf dem Schuhregal

Nehmen wir zum Beispiel den Esstisch. Wird er nicht als solcher benutzt, sollte nichts darauf stehen. Es ist ein Platz zum Essen, keine Lagerfläche.

Doch gibt es irgendeinen Haushalt mit leerem Esstisch? Meistens finden sich doch dort irgendwelche Zeitungen, eine Postwurfsendung, eine Uhr, Arzneimittel, Familienfotos, eine Blumenvase, eine Tüte mit Bonbons, Spielzeug und so weiter.

Wenn es dann ans Essen geht, wird nicht etwa aufgeräumt, sondern einfach alles nur zur Seite geschoben.

Fassen Sie den Entschluss, dass der Esstisch der Platz ist, an dem Sie nichts mehr ablegen werden. Auch wenn andere Plätze überquellen, werden Sie nichts mehr auf den Tisch packen. Sie stellen die Zeitung in den Zeitungsständer, heften aufbewahrenswerte Informationen aus Postwurfsendungen oder Werbebroschüren an die Kühlschranktür und schmeißen den Rest ins Altpapier. Sie legen die Tüte mit den Bonbons in die Schublade zurück. Sie entsorgen die Medikamente, die Sie nicht mehr einnehmen.

Ein Esstisch hat eine relativ überschaubare Fläche, die Aufgabe sollte also leicht zu bewältigen sein. Trotzdem erfordert es jeden Tag ein wenig Mühe, Ihren Beschluss umzusetzen. Das wird Ihre Sinne dafür schärfen, wegzuräumen, was noch notwendig ist, und auszurangieren, was nicht mehr gebraucht wird. Die regelmäßige Wiederholung wird dazu beitragen, dass Ihnen das Ausrangieren zur zweiten Natur wird.

Zusätzlich beschert dieses Vorgehen Ihnen einen schönen, freien Esstisch und ein Erfolgserlebnis.

2. WÄHLEN SIE EINEN PLATZ, AN DEM SIE KEINE UNNÖTIGEN DINGE MEHR ABLEGEN WERDEN.

- **Bestimmte Schubladen**
  Ihre Schublade für Taschentücher, die für Handtücher, die oberste an Ihrem Schreibtisch – jede Schublade ist recht. Wählen Sie einfach eine Schublade aus und beschließen Sie, dort nie wieder etwas Unnötiges hineinzutun.
  Und dann geht es genauso weiter wie mit dem Esstisch oben. Wenn Sie kurz davor sind, ein Protokoll von einem Geschäftstermin in Ihre Schublade mit dem Schreibpapier zu stecken, halten Sie inne. Wenn Sie vorhaben, eine Quittung in das Telefontischchen zu legen, tun Sie's nicht. Wenn eine CD nicht

mehr ins dafür vorgesehene Regalfach passt, schieben Sie sie nicht einfach in Ihre Schublade.

Wenn es Ihnen gelingt, sich davon abzuhalten, Dinge allzu leicht in Schubladen zu stopfen, werden Sie nach und nach immer mehr Dinge gleich an die richtige Stelle tun.

3. BEGINNEN SIE MIT EINEM PLATZ, DER LEICHT AUFZURÄUMEN IST

· Handtuchschublade
· Kosmetikschublade
· Flurschrank

Es ist sehr schwierig, gleich das ganze Haus auf einmal anzugehen, beginnen Sie deshalb mit einer überschaubaren Stelle, an der Dinge aufbewahrt werden, die relativ leicht aufzuräumen sind.

Nehmen wir zum Beispiel die Handtuchschublade. Überlegen Sie als Erstes, wie viele Handtücher Sie wirklich brauchen (siehe Strategie 3, Seite 96). Nehmen Sie die überschüssigen heraus und überlegen Sie dann, wo Sie sie unterbringen können. Enthält die Schublade Werbegeschenke oder Bettwäsche und Toilettenartikel, die dort nichts zu suchen haben, holen Sie auch diese heraus und entscheiden Sie, was Sie damit tun wollen.

Vielleicht finden Sie im unteren Bereich der Schublade noch alle möglichen andere Dinge.

Machen Sie sich beim Ausräumen klar, wie viel unnötiges Zeug Sie dort angesammelt haben.

Nach diesem Probelauf auf deutlich begrenztem Raum erweitern Sie allmählich Ihr Einsatzgebiet.

Gewohnheiten plötzlich verändern zu müssen, kann hart sein. Beim Ausrangieren geht es nicht nur um Ordentlichkeit. Es geht auch um die gesamte Einstellung zu Dingen. Wenn Sie sich sagen: „Okay, ich werde diesen Rat aus dem Buch in die Praxis umsetzen", stehen die Chancen ziemlich hoch, dass Sie allein von der reinen Menge der Sachen überwältigt sind, mit denen Sie es zu tun bekommen.

Diese Strategie kann dabei helfen, die Schwierigkeit zu überwinden. Der springende Punkt ist, mit kleinen Aufgaben zu beginnen, anstatt zu viele und zu große Aufgaben auf einmal zu übernehmen.

Ich empfehle Ihnen, dass Sie erst einmal einen Platz einführen, an dem Sie ab sofort nichts mehr ablegen (Strategie Variation 1). Die Wirkung ist leichter zu ermessen, wenn Sie einen Platz wählen, den man gut sehen kann.

Als Erstes werden Sie bemerken, wie viel Unnötiges sich um Sie herum angesammelt hat und dass es Tag für Tag mehr wird. Je mehr Sie dies stört, desto größer wird die Motivation, etwas dagegen zu unternehmen.

Beim Befolgen dieser Strategie werden Sie bald auch die Angewohnheit entwickeln, Dinge regelmäßiger auszurangieren, indem Sie die Anzahl unnötiger Dinge reduzieren. Anstatt sie in die Hand zu nehmen und wieder zurückzutun, werden Sie sie in der Hand behalten und überlegen, wie Sie sie ausrangieren können. Aus diesem Grund ist es auch so wichtig, mit einer überschaubaren Fläche zu beginnen. Ist die erste Aufgabe zu groß, haben Sie schon genug, ehe das Ausrangieren für Sie zur Gewohnheit werden kann.

Doch haben Sie die Wirkung erst einmal im Kleinen gesehen, wollen Sie hoffentlich die Kunst des Ausrangierens auf alle Aspekte Ihres Lebens ausweiten.

10 – Wer rangiert was aus?
Zuständigkeiten festlegen

Wird ein Haus, eine Wohnung, ein Zimmer oder ein Büro von mehr als einer Person benutzt, ist es wichtig festzulegen, wer beim Ausrangieren für was zuständig ist.

In einer Familie könnte zum Beispiel der Ehemann die Verantwortung für Post und Zeitungen übernehmen, während die Frau für Kleidung, Essen und Unternehmungen mit den Kindern zuständig ist. Alternativ wäre es auch möglich, die Verantwortlichkeiten nach Bereichen und nicht nach fraglichen Gegenständen aufzuteilen.

Auch am Arbeitsplatz empfiehlt es sich abzuklären, wer für die Bereiche jenseits der einzelnen Schreibtische verantwortlich ist.

Variationen zur Strategie

1. Verantwortung nach Gegenständen aufteilen
2. Verantwortung nach Bereichen aufteilen

1. VERANTWORTUNG NACH GEGENSTÄNDEN AUFTEILEN

- **Zeitungen, Flyer, Zeitschriften, Post (Rechnungen, Postwurfsendungen, Werbeblättchen, Kataloge und so weiter), Bücher**
  Sagen wir, der Ehemann hätte die Verantwortung für die Zeitungen übernommen. Das bedeutet allerdings nicht, dass er automatisch jede Zeitung wegwirft, die ihm ins Auge fällt. Erst wenn Zeitungen eine gewisse Zeit lang herumgelegen haben, ist es an ihm, etwas zu unternehmen.
  Liegt jedoch eine Zeitung auf dem Wohnzimmerboden und das betreffende Paar hat die jeweiligen Zuständigkeiten nicht geklärt, könnte Verwirrung herrschen – jeder könnte denken, der andere könnte sie noch lesen wollen, oder sich ärgern, weil der andere sie offenbar gelesen und nicht weggeworfen

hat. Schlimmer noch: Die beiden merken nicht mal, dass die Zeitung tagelang unberührt dort herumliegt.

Eine klare Aufteilung der Zuständigkeiten wirkt solchen Unklarheiten entgegen. Der Mann wird sich fragen, ob er die Zeitung wegtun soll. Er wird nach dem Datum schauen und, wenn die Zeitung von gestern ist, seine Frau fragen, ob sie sie schon gelesen hat. Wenn sie bejaht, kann er die Zeitung auf der Stelle ins Altpapier geben. Wenn nicht, wird er sagen: „Willst du sie noch lesen? Falls nicht, werfe ich sie weg. Und wenn du sie noch lesen willst, kannst du sie dann anschließen wegwerfen?" Sieht die Frau eine Zeitung auf dem Fußboden, kann sie ihrem Mann vorschlagen, sie wegzuwerfen. Sie braucht nicht zu denken, dies habe nichts mit ihr zu tun. Die Hauptverantwortung läge aber bei dem Ehemann.

Ich habe Zeitungen, Post und Bücher in diesen Abschnitt einbezogen, weil die Verantwortung dafür leicht von jedem übernommen werden kann. Die meisten Dinge im Haus – Kleidung, Schuhe, Socken, allgemeine Haushaltsgegenstände – sind meist Sache der Frauen. Trotzdem denke ich, es ist eine gute Idee, zumindest eine gewisse Aufteilung der Verantwortung vorzunehmen.

Am Arbeitsplatz sind meist mehr Menschen beteiligt, sodass die Zuschreibung von Verantwortlichkeiten deshalb sogar noch hilfreicher ist.

Nehmen wir Zeitschriften als Beispiel: Sagen wir, A sei für wöchentliche und B für alle anderen Zeitschriften zuständig. In dieser Funktion hat A es zur Regel gemacht, alle wöchentlichen Zeitschriften nach zwei Wochen zu entsorgen. Will jemand am Ende dieses Zeitraums noch eine der Zeitschriften aufbewahren, kann er dies anzeigen, indem er eine Nachricht an A in die Zeitschrift einlegt. Sieht A eine Zeitschrift, die der Firma gehört, nach zwei Wochen auf jemandes Schreibtisch liegen, ist es seine Aufgabe, sie an sich zu nehmen und zu entsorgen.

2. VERANTWORTUNG NACH BEREICHEN AUFTEILEN

- **Küchentisch, Bad, Flur, Wohnzimmertisch, Treppe**
  Nehmen wir an, der Ehemann habe die Verantwortung für den Esstisch übernommen (siehe Strategie 9, Seite 124). Immer, wenn sein Blick auf den Tisch fällt, wird er sich fragen, ob etwas weggetan werden kann. Vielleicht liegen dort Kontoauszüge seiner Frau, Computerausdrucke aus der Schule oder Werbebroschüren aus der Morgenzeitung und er könnte seine Frau fragen, ob sie weg können. Auf diese Weise ergäben sich Gelegenheiten, Sachen auszurangieren, die „fürs Erste" dort abgelegt wurden, aber keinen echten Zweck erfüllen.
  In Wohnzimmer, Küche und anderen großen, viel benutzten Räumen empfehle ich, die Verantwortung nach Gegenständen statt nach Bereichen aufzuteilen. Genau wie beim Haus insgesamt wird die Verantwortung für ganze Räume leicht zu groß und es kommt schnell zu Gereiztheit oder gar Streit.

Warum diese Strategie funktioniert

Geklärte Zuständigkeiten werden Sie in die Lage versetzen, Situationen zu vermeiden, in denen jeder denkt, die anderen würden handeln, es am Ende dann aber niemand tut. Es kostet Mühe, Entscheidungen zu treffen und umzusetzen, und Menschen überlassen Arbeit und Verantwortung gerne anderen. Am Ende rafft sich niemand auf und das, was weggeräumt werden sollte, bleibt einfach liegen.

Auch in meiner Umfrage spielte dies immer wieder eine Rolle: „Ich wohne jetzt mit meinem Freund zusammen und manches, was ihm notwendig erscheint, brauche ich nicht, und umgekehrt" (weiblich, 24). „Jetzt, wo ich mit jemand anderem zusammenwohne, kann ich Kreditkartenbelege und Ähnliches nicht mehr einfach so wegschmeißen" (weiblich, Anfang 20). In solchen Fällen sammeln sich Sachen an, weil die Beteiligten denken, sie hätten kein Recht, sie auszurangieren. Eine andere Teilnehmerin wiederum hatte mit den Sachen ihres Mannes keine Probleme: „Wenn man heiratet, hat man plötzlich doppelt so viel Kram um sich herum. Das Dumme ist: Ich habe kein Problem damit, die Sachen anderer Leute auszurangieren, nur bei meinen eigenen bringe ich das nicht fertig" (weiblich, 40). (Die letzte Äußerung hätte kurz nach meiner Heirat von mir stammen können!)

Alle diese Personen würden von einer Klärung der Zuständigkeiten profitieren. Die ersten beiden hätten dann das Recht zu fragen, ob sie etwas wegwerfen dürfen, während die dritte Person ermutigt würde, ihre eigenen Sachen genauso zu durchforsten wie die ihres Mannes. Die Zuständigkeit nach Zimmern aufzuteilen kann zur Streitvermeidung beitragen, weil die für das fragliche Zimmer verantwortliche Person das unbestrittene Recht hat, über alles darin Fragen zu stellen.

Zugunsten eines friedlichen Zusammenlebens möchte ich aber auch noch eine andere wichtige Mahnung aussprechen: Mischen Sie sich nicht zu stark ein!

TEIL 3

SICH BEIM LOSLASSEN BESSER FÜHLEN

Alternativen zum Wegwerfen

In diesem letzten Teil möchte ich einige Informationen geben, die Ihnen helfen könnten, Dinge auszurangieren, ohne dass sich bei Ihnen negative Gefühle wie Widerstand oder Angst regen.

Bislang habe ich Sie ermutigt, Dinge auszurangieren und Ihnen Einstellungen und Strategien vorgestellt, die Ihnen dabei helfen können. Hin und wieder habe ich auch schon verschiedene Methoden erwähnt (darunter Wegwerfen, Recyceln, Verkaufen und so weiter). Wie bereits in dem Abschnitt über Strategie 8 (siehe Seite 120) gesagt, sind alle diese Methoden gleichzusetzen, denn sie haben das gleiche Ziel, nämlich Dinge loszuwerden.

Gleichwohl ist es schwerer, etwas regelrecht wegzuwerfen, wenn man es insgeheim doch für Verschwendung hält oder meint, dass jemand anders es vielleicht noch gebrauchen könnte. In solchen Fällen ist es schade um die Sache. Deshalb möchte ich an dieser Stelle ganz ausdrücklich betonen, dass das Wegwerfen nur die extremste einer ganzen Bandbreite von Methoden des Ausrangierens ist.

Wegwerfen können wir am Ende alles. Es könnte uns etwas Geld kosten, aber wenn Sie keine inneren Widerstände verspüren, ist es das Leichteste. Ehe Sie etwas wegwerfen, gibt es jedoch viele Alternativen zu erwägen – Alternativen, die viele Menschen vielleicht ansprechender finden.

Ich habe versucht, Methoden aufzuführen, die jeder nutzen kann. Dabei habe ich mich auf Dinge konzentriert, die loszuwerden Menschen erfahrungsgemäß eher schwerfällt. Außerdem habe ich einige Informationen gesammelt, die es Menschen erlauben könnten, Dinge bereitwilliger loszulassen. Auf den folgenden Seiten möchte ich einiges davon gern mit Ihnen teilen und hoffe, dass es Ihnen helfen wird, anstehende Aufgaben leichter zu bewältigen.

Welche Informationen wünschen sich Menschen?

Lassen Sie uns als Erstes überlegen, welche Informationen Menschen sich über verschiedene Methoden des Entsorgens wünschen. In meiner in der Einführung beschriebenen Umfrage lautete meine letzte Frage deshalb auch: „Welche Informationen über Methoden des Entsorgens wünschen Sie sich?" Über 20 Prozent der Teilnehmer (28 Personen) gaben an, gern mehr über Möglichkeiten der Wiederverwendung zu erfahren. In dieser Kategorie reichten die gewünschten Informationen von sehr allgemeinen bis zu ganz spezifischen Aspekten der Wiederverwendung, Second-Hand-Läden, Flohmärkten und wie man Verkauf, Spende oder Recycling von Second-Hand-Artikeln am besten organisiert. Die meisten schienen sich zu wünschen, dass die von ihnen ausrangierten Sachen möglichst wiederverwendet werden.

Zehn Teilnehmer wünschten sich Informationen dazu, wie genau Müll zu trennen ist, wer was kostenfrei abholt, wie man mit persönlichen Dingen umgeht und so weiter.

Acht Teilnehmer wollten sich über Methoden des Lagerns und Sortierens informieren. Sie schienen zu hoffen, dass sich damit mehr Stauraum gewinnen und daher Erleichterung gewinnen ließe. Ihnen empfehle ich, Abschnitt 7 in Teil 1 zu lesen „Besser lagern und sortieren ist auch keine Lösung" (siehe Seite 62).

Mit gutem Gefühl Bücher ausrangieren

Wie wir Informationen gewinnen und aufbewahren, hat sich in den letzten Jahren stark verändert. Obgleich der Schwerpunkt nicht mehr so sehr darauf liegt, Informationen zu besitzen, als vielmehr darauf, sie zu nutzen, bleibt das Gefühl, dass Informationen nicht verschwendet werden sollten.

Außerdem sind Bücher nicht nur Informationsträger, sondern auch Sammler- und Liebhaberobjekte. Abgesehen davon sollte ihr Inhalt jedoch nicht überbewertet werden. Dank der weiten Verbreitung moderner Datenträger lässt sich der Inhalt heute viel leichter wiederbeschaffen – zum Beispiel über das Internet. Sie brauchen sich also keine Sorgen zu machen, dass sich ein Buch, das Sie heute weggeben, morgen noch einmal als dringend notwendig erweisen und dann unwiederbringlich verloren sein könnte.

Für Menschen, die sich schlecht von Büchern trennen können, gibt es zahlreiche gemeinnützige Organisationen, die gern Bücherspenden entgegennehmen, außerdem traditionelle Second-Hand-Buchläden. Warum diese Wege nicht einmal ausprobieren?

Einige Möglichkeiten, Bücher loszuwerden

Die folgenden Methoden haben sich als nützlich erwiesen:

1. AN SECOND-HAND-BUCHLÄDEN VERKAUFEN

Nicht alle Second-Hand-Buchläden handeln nur mit alten, wertvollen Büchern (wie eher anspruchsvolle Antiquariate). Sie haben also durchaus die Chance, einen zu finden, der an dem, was Sie anbieten, Interesse hat. In der Regel müssen die Bücher in einem guten Zustand sein. Selbst wenn einige der von Ihnen angebotenen Bücher als wertlos erachtet werden, kann es gut sein, dass ein solcher Buchladen sie alle nimmt.

2. AN INTERNET-BUCHHÄNDLER VERKAUFEN

Eine Internetsuche mit dem Stichwort „Alte Bücher" sollte einige brauchbare Alternativen zum Altpapier ergeben. Hinter vielen Internet-Buchhandlungen stecken Einzelpersonen, andere sind bestehende Second-Hand-Buchläden, die online expandiert oder sich zusammengeschlossen haben.

Um einen passenden Abnehmer zu finden, schauen Sie sich an, was Sie zu verkaufen haben. Passen Ihre Bücher und das von einem bestimmten Second-Hand-Buchhändler angebotene Sortiment zusammen, versuchen Sie es dort.

Auf jeden Fall sollten Sie sich online bestätigen lassen, dass die Bücher angenommen werden. Einige Seiten, die zu großen Buchläden gehören, kaufen nicht an. Kleinere, von Einzelpersonen geführte, sind da schon wahrscheinlicher Kunden.

3. AUKTIONEN/FLOHMÄRKTE

Internetauktionen bekommen heutzutage viel Aufmerksamkeit und die Anzahl der Menschen, die sie nutzen, wächst rasch. Der Einstieg ist leicht, warum sollten Sie es also nicht einmal probieren (siehe Seite 141 für Einzelheiten)? Es ist ein schönes Gefühl, wenn Bücher aus Ihrer Obhut für einen guten Preis weggehen, und wenn Sie keinen Käufer finden, können Sie sich immer noch etwas anderes überlegen.

4. BIBLIOTHEKEN

Viele örtliche Bibliotheken nehmen Bücherspenden an, wobei sie unterschiedliche Regeln haben können. Es lohnt sich, sich vorher am Telefon danach zu erkundigen, um nicht einen schweren Stapel wieder mit nach Hause nehmen zu müssen.

Wie oben erwähnt, gibt es auch die Option, an Second-Hand-Buchläden zu verkaufen, was für Menschen, die Bücher lieben, durchaus attraktiv sein kann. Es ist ein wunderbar befriedigendes Gefühl, einen Buchladen zu finden, der Ihre Bücher gerne nimmt.

Mit gutem Gefühl Kleider ausrangieren

Viele Menschen spenden Kleider an Second-Hand-Läden oder an Floh- und Kleidermärkte. Second-Hand-Läden verkaufen alles, von Alltagskleidern bis zu wertvollen Designerstücken, kaufen an, nehmen in Kommission oder schätzen Spenden – ideal, wenn Sie eine Menge Kleider auszurangieren haben, die Vorstellung aber, sie einfach wegzuwerfen, nicht schön finden.

Einige Möglichkeiten, Kleider loszuwerden

Die folgenden Methoden haben sich als nützlich erwiesen:

1. GEMEINNÜTZIGE EINRICHTUNGEN

Viele gemeinnützige Einrichtungen nehmen gern Second-Hand-Kleidung an. Sie können Ihre Sachen selbst hinbringen. Manche verschicken oder verteilen aber auch Tüten und sammeln sie an einem bestimmten Tag wieder ein.

2. RECYCLING

Örtliche Recycling-Zentren bieten in der Regel Sammelbehälter für Altkleider an. Es gibt auch Firmen, die Altkleider nach Absprache bei Ihnen zu Hause abholen werden.

3. SECOND-HAND-SHOPS

Eine Alternative zum Spenden ist natürlich auch das Verkaufen. Second-Hand-Shops findet man sowohl stationär als auch online. Eine Internetsuche wird Ihnen darüber Auskunft geben, was in Ihrer Region möglich ist, und Sie auf Webseiten leiten, auf denen Sie online verkaufen können.

Mit gutem Gefühl Elektrogeräte ausrangieren

Hier einige Ideen für die Abgabe von Elektrogeräten:

Geräte für den Hausgebrauch

Einige Geräte lassen sich in Second-Hand-Shops bis maximal drei bis fünf Jahre nach dem ursprünglichen Kaufdatum verkaufen, solange sie noch gut funktionieren. Für Netzteile liegt die Frist bei etwa zwei, bei Kühlschränken und Waschmaschinen bei etwa drei Jahren. (Wenn Sie allein leben und die Waschmaschine nicht so oft nutzen, kann sich die Frist natürlich auch verlängern.) Fernseher sind okay, wenn sie gut funktionieren, verkaufen sich allerdings am besten, wenn sie weniger als fünf Jahre alt sind.

Bei Geräten, die leicht zu bedienen sind, wie Kühlschränke oder Waschmaschinen, ist es in Ordnung, wenn Sie die Bedienungsanleitung nicht mehr haben. Bei komplizierteren Fernsehern, Telefonen oder Musiksystemen wird der Verkaufspreis ohne Anleitung wahrscheinlich niedriger sein.

Computer

PCs und ähnliche Geräte werden oft von Nutzer zu Nutzer über das Internet verkauft. Hat der eine das, wonach der andere sucht, lässt sich ein guter Preis erzielen. Es lohnt sich also, Ihren PC auf einem Flohmarkt oder einer Auktion anzubieten. Doch eignet sich diese Art des Handels am besten für Menschen, die sich auskennen. Anfänger und Laien fühlen sich meist sicherer, wenn sie in einen Second-Hand-Laden gehen oder Computerzeitschriften durchforsten können.

Manchen macht es Sorgen, dass sich auf ihrem PC noch persönliche Daten befinden könnten, doch solange Sie die Daten ordentlich löschen, sollte das kein Problem sein.

Am Ende ist auch hier Recycling eine Option. Örtliche Recycling-Zentren haben meist einen Bereich, wo alte PCs abgestellt werden können.

Garantien und Gebrauchsanleitungen für elektrische Geräte entsorgen

Elektrische Geräte werden mit vielen Dokumenten geliefert. Sie sehen wichtig aus, sodass es Mut erfordert, sie wegzuwerfen. Doch wenn Sie das Gerät allein nutzen werden, gibt es keinen Grund dafür, sie alle aufzuheben.

Garantien

Auch wenn Sie Ihre Garantie verloren haben, werden sich viele Firmen noch an die Vereinbarungen halten. Sie werden sich beim Händler erkundigen, wann das Gerät verkauft wurde und so ermitteln, ob es noch Garantie hat. Ist die Garantie abgelaufen, ist es möglich, Ihr Gerät bei der fraglichen Firma gegen eine Gebühr reparieren zu lassen. All dies zeigt, dass es nicht unbedingt nötig ist, einen Garantieschein für immer zu behalten.

Gebrauchsanweisungen/Handbücher

Sollten sie nicht mehr vorhanden sein, ist auch dies kein großes Problem. Die meisten Hersteller haben Webseiten und wer dort nachschaut, findet Informationen darüber, wie die fraglichen Geräte funktionieren und zu bedienen sind. Wird Ihr Produkt noch vertrieben, ist es sehr wahrscheinlich, dass alle nötigen Informationen im Internet zu finden sind.

Wer nicht gern im Internet surft, kann die Firma auch anrufen, um sich beraten zu lassen. Viele Firmen haben kostenlose Servicenummern, bei denen Sie Ratschläge zu grundlegenden Aspekten der

Benutzung bekommen und erfahren können, was in den Bedienungs-anleitungen steht. Vielleicht bietet man Ihnen auch an, Ihnen die relevanten Informationen zuzuschicken.

Wahrscheinlich ist es trotzdem ratsam, Gebrauchsanweisungen für PCs nicht wegzuwerfen. Im Gespräch am Servicetelefon beziehen sich die Berater häufig darauf (zum Beispiel: „Schauen Sie auf Seite XY der Bedienungsanleitung.") Wenn Sie die Anleitung verloren, weggeworfen oder aus einem sonstigen Grund nicht mehr verfügbar haben, werden sie Ihnen aber natürlich trotzdem Auskunft geben und vielleicht sogar anbieten, Kopien zu schicken, sodass Sie sich keine Sorgen zu machen brauchen.

KARTONS/VERPACKUNG

Wenn Sie mit einem PC umziehen oder ihn zur Reparatur einschicken wollen, braucht er nicht unbedingt in seiner Originalverpackung transportiert zu werden. Die Tatsache, dass der Karton genau die richtige Größe hat, heißt nicht, dass er den Computer auch besonders gut schützt. Es heißt zwar oft, man soll denselben Karton nehmen, doch jeder Pappkarton der entsprechenden Größe tut es ebenso gut.

Mit gutem Gefühl Dinge versteigern

Wenn Sie etwas recyceln oder verkaufen wollen, gibt es verschiedene Schritte, die Sie unternehmen können: die örtlichen Behörden fragen, einen Flohmarkt aufsuchen, es einem Second-Hand-Shop anbieten, einen Hofverkauf veranstalten ... Alle diese Methoden sind altbekannt und relativ leicht umzusetzen. Unter Suchbegriffen wie „Flohmarkt", „Verkauf", „Auktion" oder „Recycling" finden Sie dazu im Internet viele Informationen. Mit Zusätzen wie „Bücher", „Kinderkleider", Markenartikel", „Spielzeug", „Autos" und „PCs", können Sie Ihre Suche eingrenzen. Außerdem gibt es jede Menge spezialisierter Zeitschriften.

An diesem Punkt möchte ich gern auch die Auktionen im Internet erwähnen, die in letzter Zeit so beliebt geworden sind. Eine der bekanntesten Plattformen dafür ist eBay, wo man nicht nur Dinge versteigern, sondern auch verkaufen kann. Zudem gibt es spezialisierte Seiten, die für Sie interessant sein könnten. Suchen Sie online danach und lassen Sie sich auf den jeweiligen Startseiten über die angebotenen Dienste informieren und erklären, wie man sie nutzen kann.

Wenn jemand etwas haben will, was Sie loswerden wollen, kann eine Internetauktion eine gute Möglichkeit sein, sich zu finden. Für alle, deren Scheu vor Verschwendung ihnen verbietet, etwas wegzuwerfen, ist dies eine sehr gute Lösung.

Werden alle diese Arten des Recyclings feste Bestandteile unserer Gesellschaft, bedeutet dies, dass alles, was wir haben, zirkulieren kann. Diese Art von Zirkulation verhindert, dass sich die Dinge in den Wohnungen und Häusern ansammeln, sodass es am Ende in der Gesellschaft insgesamt weniger unnötige Sachen geben wird.

Mit gutem Gefühl Dinge wegwerfen

Wenn wir uns am Ende doch dafür entscheiden, etwas schlicht und einfach wegzuwerfen, wissen wir heutzutage bereits alle, dass wir es einer bestimmten Art von Abfall zuführen müssen. Die örtlichen Behörden stellen meist verschiedene Tonnen für verschiedene Grundmaterialien zur Verfügung, doch decken diese längst nicht alle Alltagsgegenstände ab.

Recyclingobjekte sind oft leicht zu erkennen – Plastikflaschen, Gläser, Dosen, Zeitungen und so weiter. Doch nicht alles lässt sich leicht zuordnen, außerdem können die Regeln regional unterschiedlich sein. Deshalb ist es wichtig, dass Sie sich gut über die örtlichen Regeln informieren und diese auch befolgen. Für uns alle besteht eine dringende Aufgabe darin, die Gesamtmüllmengen durch die möglichst effektive Sammlung recycelbarer Stoffe zu verringern. Was den Umgang mit verschiedenen Kategorien nicht-recycelbaren Abfalls betrifft, liegen die größten Probleme bei der Kapazität der Deponien sowie den Sammelsystemen.

Die Recycling-Falle

Zuletzt möchte ich noch kurz über die Gefahren des Wunsches sprechen, möglichst alles wiederzuverwenden und zu recyceln.

Im schlimmsten Fall kann dies zu dem die Situation stark vereinfachenden Gedanken führen, dass irgendjemand meine Sachen schon weiterverwenden wird … Diese Denkweise erlaubt uns, weiter an sich unnötige Dinge zu kaufen, weil wir meinen, dass es keine Verschwendung gibt („Wenn wir es nicht mehr wollen, wird es jemand anders nutzen.") So kommt es zu einem Teufelskreis von Kauf und Entsorgung: Die Dinge sammeln sich an, werden weitergegeben und es sammeln sich neue Dinge an. Und das, was wir für eine abfallfreie Methode der Entsorgung halten, endet häufig damit, dass jemand anders die nicht mehr erwünschten Dinge für uns wegwirft.

Die Medien haben immer wieder über Beispiele berichtet, in denen die Recyclingsysteme bei der Bewältigung der gesammelten Ressourcen versagten. Ebenso weithin dokumentiert sind die Probleme von Hilfsorganisationen, die mit untragbaren Kleidern, zerschlissenen Matratzen, schäbigen alten Decken und Ähnlichem überflutet werden – und all das im Namen der Wohltätigkeit. Das Problem ist nicht mehr so groß, wie es einmal mal war, aber gelöst ist es noch nicht.

Es scheint mir, dass die Art von Recycling, die ein Einzelner erreichen kann, und die Entwicklung eines gesellschaftlichen Recyclingsystems zwei verschiedene Dinge sind. Kunihiko Takeda untersucht in seinem Aufsatz die Belastung, die das Recyceln von Papier, Plastikflaschen und Ähnlichem für die Umwelt mit sich bringt (vgl.

https://www.japantimes.co.jp/life/2008/07/22/people/professor-kuni-hiko-takeda/#.W_vqKuhKhPa, Anm. d. Hrsg.). Ich stimme nicht in jedem Aspekt mit dem Kunihiko Takeda überein, teile aber seine Einschätzung, dass der Einzelne keine ökologische Insel bilden kann. Unter ungünstigen Umständen kann Recycling auch sehr ineffizient und das Verbrennen des Mülls die bessere Option sein.

Grundsätzlich überlasse ich jedoch den Experten die Beantwortung der Fragen, ob wir eine „Recycling-Gesellschaft" haben sollten und wie sich diese erreichen ließe. Im Augenblick möchte ich lediglich meine Hauptbotschaft betonen: „Beginnen Sie damit, Dinge auszurangieren". Dies auch deshalb, weil, wie ich bereits betont habe, der Unterschied zwischen dem Ausrangieren als Müll und dem Ausrangieren zur Wiederverwendung letztlich emotionaler Natur ist.

Das Erste, was jeder von uns ausrangieren sollte, sind all die vielen Dinge, die sich um uns herum angesammelt haben. Es wird uns helfen, zu einem anderen Lebensstil zu finden. Und vielleicht könnte das die Art und Weise verändern, wie unsere großen Firmen und der ganze Rest des Landes funktioniert.

NACHWORT

Seit den späten 1980er-Jahren arbeitete ich im Marketing. Zweck des Marketings ist es, Firmen beim Entwickeln und Bewerben von Produkten durch die Erforschung von Verbrauchermentalität und -verhalten zu unterstützen. Mit anderen Worten: Bei meiner Arbeit ging es darum, wie man Leute dazu bekommt, Sachen zu kaufen.

Die späten 1980er waren der Höhepunkt der ökonomischen Blase in Japan. Der Konsum wuchs enorm und die Hersteller arbeiteten hart daran, neue Produkte zu entwickeln. Als das Land in den 1990er-Jahren in die Rezession rutschte, versuchten viele Hersteller, neue Nachfrage zu wecken – und zwar auch solche, die ihre Chancen in umweltrelevanten Produkten sahen.

Die Firmen versuchten fieberhaft, uns irgendetwas zu verkaufen, aber wir hatten keine Lust mehr, Geld auszugeben. Ich denke, der Wunsch zu kaufen war durchaus noch vorhanden. Aber es gab weniger, was wirklich *jeder* wollte. Es ging nicht mehr darum, dass alle sich das Gleiche wünschten. Mit den grundlegenden Konsumgütern waren sie schon ausgestattet. Die Nachfrage wurde jetzt viel individueller. Ich denke, dadurch verschob sich einiges in dem Verhältnis zwischen „den Dingen" und „dem Individuum".

Moderner Hausbau, praktischere Möbel und Haushaltsgeräte haben unser Leben einfacher gemacht. Doch wie viele Menschen leben in Häusern, in denen sie wirklich entspannen und ganz sie selbst sein können? Häuser und Wohnungen sind mit allem möglichen Krimskrams vollgestopft. Die Menschen finden keinen Raum mehr für sich selbst. Deshalb wollen sie neue Wege finden, um das Wohnen für sich angenehmer zu machen.

Das vorliegende Buch entwickelte sich nicht nach einem konkreten Plan. Es erwuchs aus meinen Bemühungen, unsere Beziehung zu den Dingen um uns herum besser zu verstehen. Ich habe versucht, Einstellungen und Strategien für die Kunst des Ausrangierens aufzuzeigen – basierend auf meiner eigenen Erfahrung und Forschung und weniger auf nachgewiesenen Phänomenen oder Statistiken.

Mit der Lektorin des Buches, Kayano Nemura, habe ich im Laufe der Jahre an den verschiedensten Projekten zusammengearbeitet. Als ich ihr erst einmal von meinen Ideen für das Buch erzählt hatte, dauerte es nicht mehr lange, bis es konkrete Formen annahm. Kreative Prozesse können bemerkenswert glattgehen, wenn man mit einer verwandten Seele zusammenarbeitet, und der Entstehungsprozess des Buches war ein sehr positives Erlebnis. Ich bin dem Takarijmasha-Verlag sehr dankbar dafür, dass er sich für das Buch entschieden und es so schnell veröffentlich hat.

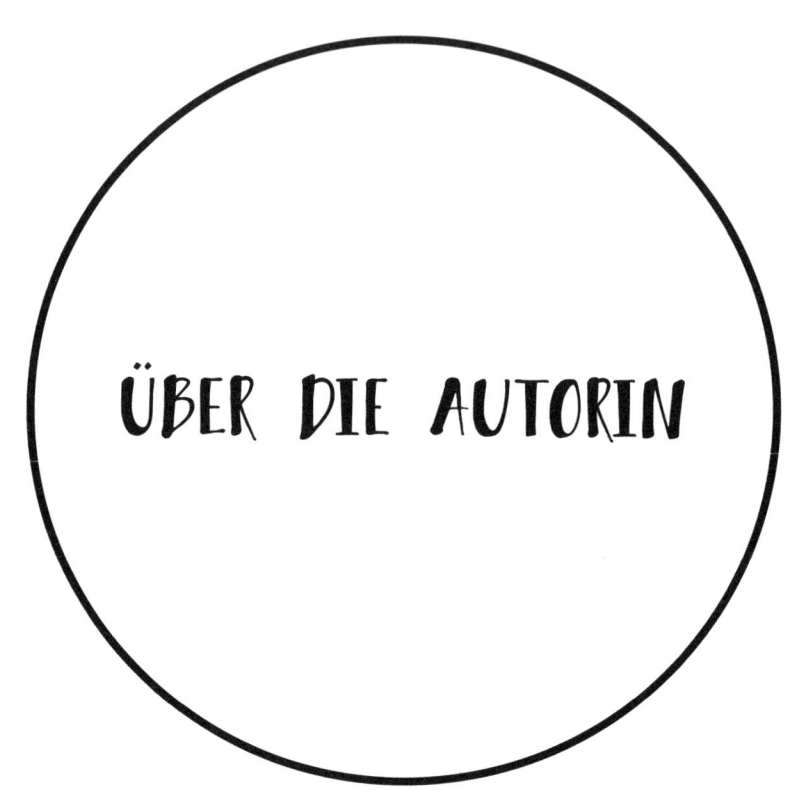

ÜBER DIE AUTORIN

Nagisa Tatsumi wurde 1965 geboren. Nach ihrem Studium an der Ochanomizu University arbeitete sie als Journalistin und Redakteurin, ehe sie sich selbstständig machte. Ihre Bücher drehen sich um den japanischen Lebensstil und die dazugehörige Kultur und ihr sachlicher Stil hat ihr eine treue Leserschaft beschert. 2008 gründete sie Kaji Juku, eine Schule für Inneneinrichter in Tokyo. Seit 2016 war Tatsumi Direktorin des Lifestyle Philosophy Institute. Sie ist Autorin zahlreicher Bücher, von denen viele übersetzt worden sind. Nagisa Tatsumi verstarb 2018.

Greg McKeown

ESSENTIALISMUS

Die konsequente Suche nach Weniger

304 Seiten, geb., € 19,80

Kaum etwas schafft so viel Vertrauen wie das Gefühl, gehört zu werden! Der Psychoanalytiker und Familientherapeut Michael P. Nichols hat 35 Jahre lang in seiner Praxis mit Menschen gearbeitet und erlebt, wie Missverständnisse, Vorwürfe und Frustration echte Kommunikation verhindern. Seine Erkenntnis: Erst durch achtsames Zuhören entsteht Nähe und Vertrauen. Und das ist genau das, was uns glücklich macht!

Das Dilemma: Wir haben verlernt, wirklich zuzuhören. Die Aufmerksamkeitsspanne ist in den letzten Jahren stetig gesunken. Und der Wunsch, selbst etwas zu sagen, ist oft größer als die Bereitschaft, dem Gegenüber mit ungeteilter Aufmerksamkeit zu begegnen. Wie wir wieder lernen, einander zuzuhören und dadurch Vertrauen gewinnen, zeigt Nichols mit diesem Leitfaden.

DIE MACHT DES ZUHÖRENS hilft dabei die eigenen Reaktionen zu verstehen und zu erkennen, welche Vorgänge dahinterstecken, wenn wir nicht richtig zuhören: versteckte Annahmen, unbewusste Bedürfnisse und emotionale Reaktionen.

Dr. Michael P. Nichols

DIE MACHT DES ZUHÖRENS

Wie man richtiges Zuhören lernt und Beziehungen stärkt

352 Seiten, geb., € 19,80

Der Psychoanalytiker und Familientherapeut Michael P. Nichols hat 35 Jahre lang in seiner Praxis mit Menschen gearbeitet und erlebt, wie Missverständnisse, Vorwürfe und Frustration echte Kommunikation verhindern. Seine Erkenntnis: Erst durch achtsames Zuhören entstehen Nähe und Vertrauen. Und das ist genau das, was uns glücklich macht!
Das Dilemma: Wir haben verlernt, wirklich zuzuhören. Die Aufmerksamkeitsspanne ist in den letzten Jahren stetig gesunken. Und der Wunsch, selbst etwas zu sagen, ist oft größer als die Bereitschaft, dem Gegenüber mit ungeteilter Aufmerksamkeit zu begegnen. Wie wir wieder lernen, einander zuzuhören und dadurch Vertrauen gewinnen, zeigt Nichols mit diesem Leitfaden.
DIE MACHT DES ZUHÖRENS hilft dabei die eigenen Reaktionen zu verstehen und zu erkennen, welche Vorgänge dahinterstecken, wenn wir nicht richtig zuhören: versteckte Annahmen, unbewusste Bedürfnisse und emotionale Reaktionen.
Darüber hinaus widmet sich Nichols ausführlich den unterschiedlichen Beziehungsarten: der Beziehung zum Partner, zu Kindern, Freunden, Kollegen – und erklärt, was in diesen Konstellationen oft schiefläuft und wie Sie es besser machen können.

Dr. Ben Lynch

SCHMUTZIGE GENE

Ein revolutionärer Ansatz Krankheiten an der Wurzel zu behandeln und Ihre Gesundheit typgerecht zu optimieren

416 Seiten, geb., € 24,80

Unser genetisches Schicksal ist nicht festgelegt! Im Gegensatz zu dem, was allgemein verbreitet wird, besitzen wir die Fähigkeit, Tag für Tag unser genetisches Erbe neu zu schreiben und dafür zu sorgen, dass wir gesund und nicht krank sind. Wir müssen nur wissen, wie!
In dem Wall-Street-Journal-Bestseller SCHMUTZIGE GENE geht Dr. Ben Lynch, Zell- und Molekularbiologe sowie Arzt für Naturheilkunde, dem Geheimnis der Epigenetik, des Prozesses der Aktivierung und Deaktivierung von Genen, auf den Grund. Er beschäftigt sich in diesem Buch mit den „Super-Sieben", den sieben wichtigsten „schmutzigen" Genen, die weitreichende Auswirkungen auf unseren Körper haben und zu Allergien, Fettleibigkeit, aber auch zu Angstzuständen, Depressionen sowie Diabetes und Krebs führen können.

Nach jahrelanger Forschung und Recherchen mit Tausenden von Patienten ist es ihm gelungen, ein leicht anwendbares „Saubere-Gene-Programm" zu entwickeln, das in nur vier Wochen ermöglicht, durch eine Kombination von gesunder Ernährung, Stressabbau, Bewegung, ausreichendem Schlaf sowie durch die Reduzierung von Umweltgiften seinen genetischen Code und somit seine ererbte Neigung zu Krankheiten umzuschreiben. Dieses Buch bietet durch einen individuell erstellbaren Gesundheitsplan eine praktische Hilfe, nicht zuletzt dank „Reinigungslisten", die bestimmen, welche unserer Gene gereinigt werden müssen. Das Ganze wird durch eine Reihe von Kochrezepten für saubere Gene abgerundet, die mit dem Hinweis versehen sind, welche Gene sie genau unterstützen.

Trudy Scott

ÄNGSTE ÜBERWINDEN DURCH ANTI-STRESS-NAHRUNG

Welche Nahrungsmittel die Stimmung aufhellen, ausgeglichen machen und Heißhungerattacken besiegen

240 Seiten, geb., € 19,80

Dieses Werk revolutioniert die Angsttherapie. Nicht durch weitere Medikamente, sondern durch eine spezifische Ernährung mit hochwirksamen Mineralstoffen und Vitaminen.
Trudy Scott, Ernährungsberaterin und einst selbst von Ängsten betroffen, konnte bereits Tausenden helfen, Schlafstörungen, Depressionen und Angstzustände durch ihre Anti-Angst-Diät spürbar zu mildern oder sogar komplett zu heilen.
Die Erfolgsautorin zeigt, dass es einen direkten Zusammenhang gibt zwischen dem, was wir essen und wie wir uns fühlen. So erfährt der Leser, warum Gluten bei Angststörungen und anderen psychischen Problemen besonders häufig mit im Spiel ist, wie eine gute Verdauung gegen Panikattacken und Depressionen helfen kann und wie die richtige Zufuhr von bestimmten Mineralstoffen und Vitaminen einen positiven Einfluss auf die emotionale Verfassung hat. So helfen Zink und Vitamin B6 bei Angst vor Menschenmengen oder Vitamin C bei Nervosität.

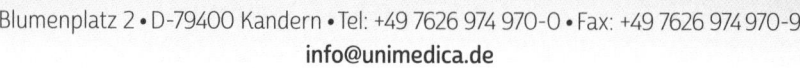